子どもを伸ばす

ママの言葉がけ 言ってはいけない「NGワード55」

一緒の時間がもっと楽しくなる上手な伝え方

曽田 照子 著
Soda Teruko

イツ出版

はじめに

あなたの何気ない一言で、子どもは傷つき、自信を失い、輝く未来を失ってしまうとしたら、どうしますか？

私たちが毎日使っている言葉には、さまざまな力があります。
言葉は人の気持ちを変えるものです。気持ちが変われば行動が変わり、行動が変われば未来も変わります。

たとえ悪気はなくても、ママ・パパから「言ってはいけないＮＧワード」を投げかけられ続けた子どもは、傷つき、自信を失い、輝く未来を失ってしまうのです。

逆に、子育て中に言ったほうがいい言葉を意識して増やしてみたらどうでしょう。
子どもの未来が輝くだけでなく、毎日の子育てがぐーんと楽になります。

この本は、親から子どもへの「言葉かけ」について書いています。
「言ってはいけないＮＧワード」を具体的に示し、なぜその言葉はいけないのか、どういう言葉に変えればいいのか、ママ・パパと子どもの気持ちや立場を尊重しながら、言いかえを提案しています。
言葉を変えることは簡単です。お金も時間もかかりません。しかも効果は絶大です。言葉は言われた人だけでなく、言った人の気持ちも変化させます。自分で発した言葉はまず自分の耳に届くのです。

この本をきっかけに、子どもの未来がもっと輝き、同時に、あなたの子育ての負担感が少しでも楽になれば幸いです。

子育てNGワードの専門家
曽田照子

※本書は2009年に発行された「ママが必ず知っておきたい！子どもに言ってはいけない55の言葉」を大幅に加筆・改訂したものです。

もくじ

2章　進んで勉強する子に変わる言葉かけ

3章　子どもの心が育つ言葉かけ

4章　幸せな親子関係をつくる言葉かけ

早く！ 早く！
NG↓
何をするのもマイペースな息子
朝はいつも遅刻寸前で
お友達が待っていてものんびり。
「早く早く！」と
何度言っても聞きません。
毎朝のイライラを
解消する言葉はありませんか。
Change!!
OK!
今日は何時に家をでるの？
朝ごはんできてるよ／ママと競争しよう！

■言葉を変えて心に余裕を

あれもこれもしなければならない…と思うと、朝の時間はほんとうに短いですよね。

あまりに忙しいときは、朝の言葉を振り返ってみましょう。

子どもの行動より先に、指示してせきたてる癖がついていませんか?

子どもをせきたてるのが習慣になっていると、心のゆとりが消えてしまいます。

たとえば「早く起きなさい」を「◎時よ」に。「早く朝ごはん食べなさい」を「朝ごはんできてるわよ」に。「早くしないと遅刻するわよ」を「今日は何時に家を出るの?」に、言い方を変えてみましょう。

それだけで余裕が出てくるはずです。

■遅刻という経験から学ばせる?

ある育児書に「思い切って一度遅刻させてはどうでしょう」と書いてありました。

遅刻した恥ずかしさや気まずさを、身をもって味わうことで、時間を守ることの大切さを知るのだそうです。

保育園時代の長女に試してみたのですが、これは失敗でした。

先生が気を遣ってやんわり「家族全員で早起きしましょうね」と娘に気まずさを感じさ

せないように諭してくれたのです。

その言葉に、親はじゅうぶん気まずさを感じ「もう遅刻はさせまい」と決意したのですが、子どもの自覚を促すことにはつながりませんでした。

そのときの先生によると「ママ・パパは見放した」と、心の傷が残ってしまう可能性があるため、わざと遅刻させる作戦は小学生以上になってからがよいとのこと。

さらに失敗しても「ほらごらんなさい」「言ったとおりでしょ！」などと子どもを責めず、失敗したからどうしたらいいのか、子ども自身に考えさせなければ、ワザワザ失敗させる意味が無くなってしまうそうです。

■小学生なら自己管理に挑戦

小学生なら、子どもと一緒に朝のスケジュールを話し合ってみましょう。

いちいち「早く歯みがきしなさい」「ハンカチ持った？　ティッシュは？」「早くランドセル背負って…」などと言うのは、忙しい朝にママにとっても負担です。

何時何分までに何をするか、持ち物は何か、子どもと一緒にリストを作って、見やすいところに張り出しておくのもいいですね。

言葉で言われると入ってこないタイプでも、目で見るとわかる、ということもありますし「自己管理しなければ」と自覚を呼び起

こすことにもつながります。

わが家の次女三女の場合は、入学祝いにもらった「自分の時計」がうれしくて、自分でセットして起きていました。

■魔法の言葉は確かにある

朝だけではなく、子どもにもっと素早く行動して欲しいとき、いくつかの「魔法の言葉」で「早くしなさい」を言わずに済ませることができます。

たとえば「早く着替えなさい」を「じゃあママと競争ね」と言って競争心をあおると、素早く着替えてくれます。

「早くトイレに行きなさい」と言いたい場面では「おしっこ出たら◎◎ちゃんの勝ち、出なかったらママの勝ちね」と勝負を持ちかけてみましょう。「ようし」と張り切ってトイレに出かけていきます（そして「勝った！」とうれしそうに出てきます）。

また、夜寝ないときには「寝たふりして、パパのことビックリさせちゃおうか」と提案すると、上手に寝たふりをして…いつの間にか眠ってしまいます。

これらは実際に試してみて、効果があった言いかえです。小手先の言葉のテクニックですが、言葉を工夫することで、子どもは自分から動くようになります。

すると、子育てが楽になるだけでなく、子どもをワクワクさせる言い方を探すことで、大人もワクワク…楽しくなってきますよ。

✔言葉を少し変えるだけで、子どもは自分から動き出す。

さっさと食べなさい！

食事中の子どもの態度にイライラ。
食べるのを忘れてテレビを見たり、
ちゃんと箸が使えなかったり、
口に入ったまましゃべったり。
「さっさと食べなさい！」
とガミガミ言ってしまいます。
本当は楽しく食事をしたいのに…。

Change!!

ごはんの時間は◎時までよ

ゆっくり食べよう／よくかんでね／おいしいね

■食事マナーは親がお手本を示して

「食事は楽しくおいしく食べたい」と同時に「社会に出てから困らないよう、食事マナーは家庭できちんとしつけなくては！」と思う気持ち、わかります。

子どもは周りの大人の姿をそのままマネします。食事マナーのしつけは、一緒に食べる大人が、正しいマナーで食事をすることが一番効果的。

ママがヒジをついてごはんを食べながら「姿勢を正しくしなさい」と注意したり、パパがテレビに気をとられながら「箸をちゃんと持ちなさい」と叱っても響きませんよね。

子どもの食事マナーが気になるとき、まずは大人が食事マナーを正しましょう。

■ストレスは消化に悪い

食事中に叱らないほうがいいのは、消化に影響するから、という理由もあります。

ゆったりとした気分で食事を楽しんでいると、副交感神経が優位に働くため、消化液の分泌や消化器管の働きが活発になり、食べたものの消化がよくなります。

逆に、不安やイライラ、重苦しい雰囲気の中で食事をすると、交感神経が優位に働いて、消化の働きが弱まってしまいます。

さらに急いで食べると、かむ回数が減って

しまいます。消化に悪いだけでなく、肥満の原因にもなります。満腹中枢への刺激が遅くなり、食べ過ぎを抑えるサインが脳から出にくくなってしまうのです。

■早く食べさせる工夫が必要なことも

ゆっくり食べるのが体にいいといっても、けじめのない食べ方は困りますね。

遊び食べや、長時間食べ続けてしまうなら、

食事の時間をきっぱり決めましょう。

食事にかける時間は30分程度が目安です。「◎時まで」と決めて、その時間になったら、たとえ途中でも下げてしまうのです。

その場合、食事をはじめる前にルールを子どもにはっきり伝えることが必要です。「食事時間は7時半までね」「時計の針が6のところに来たら、ごはんの時間は終わりだよ」など、その子にわかる言葉で伝えます。

遊び食べをしはじめたら「そんなことしている時間はあるのかな?」と、時間に意識を向けさせます。下げるときは「約束の時間が来たから片づけましょう」と事務的に。感情を絡めなくてもいいのです。

残してしまって、あとでお腹が空いたと訴えてきても、イレギュラーなおやつは与えずに「ちゃんと食べなかったから、お腹が空くんだね」と話しましょう。

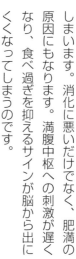

■ふつうの食卓って？

　ところで「あなたの家庭の夕食時はどんな雰囲気ですか」と聞かれたら、多くの人が「ふつう」だと答えるのではないでしょうか。

　無意識のうちに、自分の育った家庭の食卓を「ふつう」だと思いこんでいませんか。

　でも、ちょっと振り返ってみてください。ふつうってなんでしょう？

　食事の習慣は家庭によって違います。

　黙って食べる、というしつけを受けていた子どもは、食事中はシーンとしてるのがふつうだと思いますし、テレビを見ながら食べる家庭ではテレビがついているのがふつう。楽しく語らいながら食べるのが習慣の家庭で育った子にとっては、ゆっくりおしゃべりしながら食事を楽しむのがふつうです。

　子どもには、怒られながらの食事を「ふつう」と思って欲しくないですよね。

■食事はコミュニケーション

　一緒に食事をするということは、単に栄養をとる以上の意味があります。

　大人が親しくなりたい人を「一緒にお食事でも」と誘うのは、食事をすることで相手との距離を縮めることができるからですよね。

　家庭の食卓だって、コミュニケーションの場でもあるのです。

「さっさと食べなさい」よりも「ゆっくり食べようね」「よくかんでね」「おいしいね」などの言葉が出る食卓を目指しましょう。

✓ なごやかな雰囲気の食卓が、心と体をはぐくみます。

ダメ！
◎◎が終わってから！
NG↓
外から帰ってくるとすぐ「ジュース！」「アイス！」「ダメ！やることをやってから！」と言っても「ヤダヤダ！」。いくら「ダメ！」といっても聞きません。困ったな…。
Change!!
OK!
いいよ！その前に◎◎してね
先にやることやっちゃおうか

■子どもの気持ちを受け止める

「ただいま」の前に「おやつ〜!」。元気な子どもならではですね。

元気なのはいいけれど、おやつや遊びの前に「すべきこと」を先にしてほしい。そんな親心で「ダメ!」とまず制するのですよね。

でも子どもは聞いてくれず突進する…なぜかというと、子どもには子どもなりの優先順位があるからなのです。

帰ったらアイスを食べたい、ジュースを飲みたい、遊びたい…そんな「したいこと」が、手洗いやうがいなど「特にやりたくないけど、親にやりなさいと言われること」と比べて、子どもの中では優先順位が高いのは、当然と言えば当然かもしれません。

■順序を変えてみては?

子ども自身が感じている優先順位をいったん棚上げにして、特にしたくないことをさせるためには、子どもの「したい」という気持ちを受け止めてあげる必要があります。

一度「ダメ」から始まる話しかたを止めてみてはいかがでしょうか。

誰だって自分の言い分に耳を貸してもらえないと相手の言うことに耳をかたむけることができません。

逆に言えば、自分の言い分が聞いてもらえるとわかっていれば、大人の言葉を受け入れることができるのです。

営業トークで使う会話テクニックに「YES・BUT法」があります。いったん相手の言い分をすべて「はい」「そうですね」と受け入れてから、自分の言いたいことを伝えるというものです。これを子どもとの会話に応用してみましょう。

まずは「OK」「いいよ!」と共感のサイ

ンを出してあげましょう。あとであげるつもりなら「アイス欲しい」「ジュース欲しい」を叱る意味はありません。

子どもの気分を乗せてから「その前にすることは何かしら？」「アイスの前に、着替えてうがい手洗いをしてね！」と穏やかに伝えて、必要なことをやらせるのです。

「理屈はわかるけど、最初に『いいよ』って言ったら、うちの子にはそれしか聞こえないんですよ」というお母さんがいました。

「ダメ！」など強い言葉で、頭ごなしにガツン！と勢いを止めないと、子どもが暴走してしまいそうで怖いのだそうです。

うーん。もしかしたら、そのお母さんの言うとおり、きつく言わないとその子は暴走してしまうのかもしれません。

けれど、その恐れはできるだけ早く手放した方がいいような気がします。

自分の子どもとはいえ別の人格です。コントロールすることは不可能ですし、親がコントロールしようとするほど、子どもは反発して親子の争いがひどくなり、お互いに消耗してしまいます。

■ちゃんと理由を説明してあげよう

説得の基本に「なぜ必要なのか隠さずに正直に話す」というのがあります。

子どもだって理由がわかると「すべきこと」の優先順位が上がります。

説明を省略せずに「靴がそろっていると見た目もいいし、次に出かけるときにはきやすいね」「うがいしてバイキンとバイバイしようね」などと、ていねいに説明してあげましょう。

■視覚に訴えるのが有効な子も

いくら言ってもできないとき、もしかしたらその子は、耳から情報を入れるのが苦手なタイプかもしれません。

聴覚ではなく視覚に訴えてみましょう。「アイスのまえに手をあらおう」と書いたポスターを作って冷蔵庫に貼ったら、効果的かもしれませんね。

✔ 伝え方を変えるだけで、子どもの行動は変化します。

騒いで欲しくない時と場所に限って、
子どもって、騒ぎ出しますよね…
「静かにして！」と言っても
まったく効果がないので、
「あのおじちゃんに怒られるわよ！」
と叱ったら静かになったけど、
これで良かったのかしら？

■トラの権威はその場限り

　病院や電車の中など、騒いで欲しくない時と場合に限って騒ぐ、ありますよね。
「怖いおじちゃんに怒られるわよ」「係の人がにらんでるよ」「先生に叱られるからダメ」「パパが怒るからやめなさい」など…あまりいい叱り方だと思いません。

　こんなお話をご存じでしょうか？　むかし、キツネがトラの皮を拾いました。キツネは面白半分にそれをかぶって歩いたところ、周囲の動物が怖がって逃げ出しました。おもしろがって、あちこちで脅していたら、誰かが「なんだ中身はキツネじゃないか！」と気づき、キツネはみんなに笑われました。
「●●に叱られるよ」では、叱っているのが自分ではなく「よそのおじちゃん」「怖そうなおばさん」「学校や幼稚園の先生」になってしまいます。トラの皮と同じですね。

　その場では効果があっても、叱っている親が「キツネ」になってしまっては、よくありません。

　叱られている子どもは、やがて「どうせキツネだから」とバカにしはじめ、親が何を言ってもまじめに聞かなくなってしまいます。

■子どもを叱るのも愛情

「よそのおじちゃん」「先生」「おばけ」「鬼からの電話」など「怖いもの」を持ち出してくるのは、そのほうが叱る効果があるから、ですよね。

　もしかしたら子どもに嫌われたくなくて、無意識に別の誰かを「怖いもの」や悪者にして、嫌われ役を押しつけてしまう…という心の働きはありませんか？

　でも、親が親の責任でちゃんと叱らなかったら、子どもはどうなってしまうでしょう。「叱られない子どもほど、不幸な子どもはいない」と言います。

　ママ・パパは、どんなに悪役になっても子どもにとってはかけがえのない存在です。安心して、必要なときにはしっかり、きっぱり叱りましょう。

手ぶくろ人形のつくりかた
①
入れる
片方はうらがえして、片方は親指だけ中に入れます。
②
むすぶ
てのひら
必ずこっちが前（てのひら側）にくるように！
うらがえした方をもう一方の中指と人さし指の間に入れ、2本の指で結びます。
③
上からみると
結びつけた方の手首の部分を丸くなったところへかぶせます。
④
ポケットつき！
ぼうしをかぶった手ぶくろ人形のできあがり！
おはなししてあそんでね！
ハンカチバナナのつくり方
①
ハンカチの四すみを内側におります
②
点線で折りながら四すみを下でまとめます
③
ぺろん
皮をむいてめしあがれ！

■飽きさせない工夫を

「子どもだからしょうがない」と開き直るのではなく、公共の場に子どもを連れて出かけるときは、騒がせない工夫をしましょう。

　飽きさせないために、お気に入りの絵本や、音が静かで、かさばらない小さなおもちゃを持っていくといいですね。

スマホアプリもいいですが、ポケットサイズの折り紙や塗り絵などもいいですよ。

おもちゃを忘れたときは、身の回りのものが遊び道具になります。

ハンカチを折って遊んだり、ハンカチの一隅に結び目を作って指人形に見立てたり。冬場なら手袋人形で遊ぶのもいいですね。

■お菓子は最低限に

しょうがないこともありますが、できれば静かにさせるためのジュースやおやつは最後の武器にしましょう。

与えすぎたら肥満や虫歯も心配ですし、食べこぼしなどで周囲に迷惑を掛けてしまうこともあります。

■あらかじめ子どもに根回しを

話してわかる年頃の子どもなら、出かける前の「根回し」が有効です。

大人でも行く場所の雰囲気と、自分がどう振る舞えばいいかがあらかじめわかっていると安心ですよね。子どもならなおさらです。

わが家では、駅まで歩く途中や車の中で「お出かけのお約束なんだっけ?」と確認するのが定番でした。

騒がない、走らない、ひとりでどこかに行かない…などなど、子ども自身に言わせます。前もって「お約束」にしておけば、ハメを外しそうになったときに「お出かけのお約束は?」と思い出させると「はっ!」と本人が気付きます。

☑叱るのは親の役目。できれば叱らずにすむ工夫を。

B型だから…
NG↓
A型のお兄ちゃんは几帳面なのに、
B型の弟はマイペースでわがまま。
やっぱり血液型って、
性格に影響しますよね。
もっと協調性が欲しいけど
「B型だからしょうがない」って
半ばあきらめています。
Change!!
OK!
占いで性格は決まらないよね
そういう面もあるかもね

■「統計」から錯覚を起こす

A型は几帳面でO型はおおざっぱ、B型はマイペースでABは二重人格、と言われるとつい「そうか」と思ってしまう…人間って不思議ですよね。

血液型占いは俗説で、科学的には証明されていないというと、なかには「血液型診断は統計だから」と反論する人がいます。

実は、これが落とし穴なのです。

統計で8割が「そうだ」と結果が出ても2割は「そうではない」ことになります。

B型の8割が「マイペース」だとして、残り2割は「マイペースではない」。わが子が実際はどうなのか、じっくり観察し、関わっていかなければ判断できません。

■占いから違う視点をもらう

しかし占いは、話題としては面白いですし、占いから気づかなかった視点をもらうこともあります。

たとえば「こんな面がある可能性もあるな…」「こういうとらえ方もあるかも?」と子どもの個性を考えるキッカケにするなら、占いも子育てに役立ちます。

血液型、星座、その他…どんな占いも鵜呑みにするのではなく、上手にクールに付き合うことをおすすめします。

☑ 占いは当たることも外れることもある。

好きな肉類はぱくぱく食べるくせに嫌いな野菜には見向きもしません。食事のたびに「野菜も食べなさい！」とうるさいほどに言っているのに全く効果なし。いつもサラダだけ余っちゃう…。

■好き嫌いの秘密

食べ物の好き嫌いが多いと心配ですよね。でもセロリやピーマンなどが子どもに嫌われがちなのには、実は理由があるのです。

食べ物の基本の味は、甘味、塩味、酸味、苦味の4つ。このうち酸味は腐敗を、苦味は毒を連想させるため、人は本能的に回避するようになっているのです。

食べ物の味が苦手な場合は、調理を工夫してみましょう。

にんじんをすり下ろしてパンケーキに入れたり、ピーマンを細かく刻んでハンバーグに入れたりなど、その食品の形が見えなくなると、食べやすいようですよ。

■食べることを楽しもう

苦手なのはマイナスイメージがあるからかもしれません。プラスイメージを持たせる作戦はいかがでしょう。

まずは身近に感じさせること。野菜なら畑になっているところを見たり、ベランダで育てたりしてみると、親しみがわくでしょう。

サラダのレタスを手でちぎるなど、料理に参加させるのもおすすめです。

さらに周囲の大人が「おいしい」とパクパク食べる姿を見せることも大切ですね。

好き嫌いゼロを目指してプレッシャーをかけるより、好きなものを少しずつ増やすという気持ちで、食べる楽しみを広げましょう。

✔ 無理強いせずに、まずは野菜と友達になろう。

私は口が悪いせいか、
子どもにもつい「バカ！」
なんて言ってしまいます。
悪気はないと言うか
…むしろ愛情なんだけど
それがちゃんと伝わっているか
このごろ、少し気がかりです。

■「バカ」と言われ続けると…

思っていなくても「バカ」とつい口に出してしまう、そんな口の悪い人もいます。

でも子どもは、耳にした言葉をそのまま受けとってしまいます。「思っていることと言っていることが違う」なんて複雑なことは理解できません。

もっとも信頼するママ・パパから「バカ」「アホ」呼ばわりされれば「僕は本当にバカなんだ」「私はアホなのね」と信じ込みます。

■まずは口癖を味方につけて

科学的に正しいかは疑問ですが、植物に毎日「きれいね」と語りかけると美しい花を咲かせ、逆に「枯れてしまえ」と言うとすぐにダメになるそうです。

プラスの言葉を口に出しているうちに実物よりよく見えたり、感謝の気持ちがわいたり、逆にマイナスの言葉で、無意識に扱いがぞんざいになったり、という心理的な効果はあるでしょう。

人間の幸・不幸は、本人の主観、つまり気の持ちようです。

「かわいい子」「よかった」「大好き」「ラッキー」など前向きの言葉を意識して口にしましょう。

すると良いことばかりおきて、ますます子どもがかわいい…とトントン拍子にはいかないかもしれませんが、少しは幸せな気持ちになれますよ。

✔ プラスの口癖を味方につけて、子育てをハッピーに。

片づけなさい！
NG↓
遊んだおもちゃを片づけない、
脱いだ服を片づけない、
洗濯物をせっかくキレイに畳んでも
タンスに入れる前にグシャグシャ…
「片づけなさい！」といくら言っても
片づけてくれません。
なんかいい言い方ありませんか？
Change!!
何分で片づけられるかな？
きれいに片づいてるね／一緒に片づけよう
OK!

■すっきり暮らしたい

じつは私も片づけが苦手なタイプ。わが家でも片づけは課題です。

以前、お掃除のプロに聞いたことがありますが、整理整頓が苦手で悩む人は、決まって几帳面な性格の持ち主だそうです。

几帳面だからこそ、あれもこれもと思うので、整理整頓によけい時間がかかって、苦手意識を持ってしまうのだそう（ずぼらな人は気にしないので、悩んだりはしないそうです）。ちょっと救いになりませんか？

■片づかない季節

きちんとしたいからこそ、散らかっていることが気になる…のであれば、基準となる「きちんと」のレベルが高すぎて、生活の実態に合っていないのかもしれません。

子どもがいると、いくら几帳面に生活していても、部屋は散らかるものです。ある程度以上の片づけは、あきらめてしまうしかないのかもしれません。

あまり片づかなくてイライラするとき、ちょっと立ち止まって考えてみましょう。

イライラしながら片づけた「きれいな部屋」で子どもが縮こまっている部屋と、散らかっていても家族みんなが笑顔でいられる部屋と

では、どちらが幸せでしょうか?

多少乱雑でも笑顔でいたほうがいいと思いませんか? (片づけられない私が言うと、負け惜しみのようですが)

■散らかさない工夫を

多少散らかっていてもいいといっても、許容範囲は「ある程度」です。片づけないわけにはいきませんね。

私の母は、孫(甥っ子とうちの娘たち)を遊ばせるため、薄手のラグの四隅にヒモを縫いつけたものを作っていました。おもちゃを広げ放題でも、全部ラグの上に置いたまま四隅のヒモを集めてしばれば、片づけは一瞬で終了。ラグが「きんちゃく」状態になり内側におもちゃは収納されています。

実家では押し入れにしまっていましたが、吊しておいてもいいでしょう。子どもが小さいうちは、この方式はおすすめです。

また、ある知人の家では、ひと部屋をそのまま「プレイルーム」にして、「他の部屋では遊ばせない」と言っていました。間取りに余裕があればまねしたい、と思いました。

■片づけさせる声かけのコツ

子どもにも片づけの習慣をつけさせたいですね。わが家で効果があった作戦を2つ紹介します。

ひとつは「タイマー作戦」です。

キッチンタイマーをストップウォッチにして「何分で片づけられるかな?」と声をかけるというもの。子どもは競争やタイムトライアルが大好きですから、競い合って片づけてくれました。

もうひとつは「ほめさせて作戦」。

「ねえ、お母さん今日はあなたをすご～くほめたい気分なの。散らかったお部屋を片づけて、ほめさせてくれないかなあ」と「相談」すると、がんばって片づけてくれました。

片づけのあとは「すごーい」「さすがだわー」など大げさすぎるくらいにほめてあげましょう。ほめられたいから片づけるのはいかがなものか、とも思わなくもないですが、ほめたほうがお互い気分がいいのです。

■一緒に飾ってみよう

部屋を片づけるのが苦手な子どもも、飾るのは大好きです。

子どもと一緒に季節を楽しむコーナーを作ってみてはいかがでしょうか。

たとえば玄関の靴箱の上や、リビングの棚など、一ヶ所だけ場所を決めて、そこをスッキリと片づけ、幼稚園や保育園から持ち帰ってくる季節ごとの「作品」をそこに飾ってあげれば立派なコーナーになります。ひとつきれいな場所ができると、他もステキに飾りたくなるかもしれませんよ。

キレイにかざったら
ちらかってるのが気になるなあ
かたづけよ

楽しくない片づけも「一緒にやろう」で楽しくなる。

せめてお出かけのときくらい
ブランドものの子ども服を
着せたいのですが
うちの子はやんちゃで
「汚さないで」と何度言っても
汚してしまいます。
良い工夫はないでしょうか？

■いくつかの作戦

女の子はおしゃれな服を着ると「わたしはプリンセス♪」とお姫様回路が動きだして、それほどひどい汚し方はしません。

それでも汚さないわけではないので、わが家ではよく「重ね着作戦」をとっていました。おしゃれワンピースのインに、薄手のTシャツと短パンを着せて、遊ぶときにはスルッとワンピースを脱がせるという方式です。

さて問題は男の子。いくら「汚さないで」と言っても目を離したスキに、あれれ…。そもそも「汚したくない」なんて感覚がない子も多いようです。

おめかしの時間をできるだけ短くするのがいいのでしょうね。

移動中は汚してもいい服にして、現地に着く直前で着替えさせる。それでも汚すものだと覚悟して、替えの服を用意しておく。「汚さないで」より「これに着替えて」のほうが気が楽です。

■安く買う工夫も

高い服だから「汚したらもったいない」とイライラするのかもしれません。

「子どもの洋服はすべてブランドもの」という知人がいました。

ネットオークションやフリマアプリで買って、サイズアウトしたらすぐ出品しているそうです。少し時間と手間はかかりますが、これもひとつの方法ですね。

✔ 子どもは汚して成長するもの。汚されてもいい工夫を。

靴をそろえたり、帽子を掛けたりとか難しいことではないはずなのに何度言ってもできません。
その場では「わかった」と言うのに、次の日には同じ失敗をくり返し。
「何度言ったらわかるの!」と何度キレてしまったことか…。

■覚えられるけれど思い出せない

大人から見れば簡単なことを、子どもはやってくれないことがありますよね。これは、さぼっているわけでも、嘘をついたり、悪気があるわけでもなく、単純に「忘れただけ」ということが多いのだそうです。

大人にしてみれば「なぜ忘れるの?」と不思議ですが、子どもの脳はまだ発達途中。記憶するのが苦手なのです。

「覚える」と一口に言いますが、記憶には3つの段階があります。①情報を頭に入れ、②情報を頭に保管し、③それを取り出す、つまり思い出すのが第3の段階です。

玄関の靴をちゃんとそろえるのも、外から帰ったら手洗いうがいをするのも、脱いだ靴下を洗濯かごに入れるのも、大人が何も言われなくても出来るのは、それをしたほうがいいという情報を頭に入れ、保管し、思い出しているからなのです。

ある程度の年齢になると、情報を取り出しやすいように効果的な覚え方ができるのですが、子どもはまだ記憶を調整することができません。そのため、覚えていたとしても記憶が取り出せなくて、コロッと忘れていたりするのです。

■くり返すことで記憶が定着する

記憶には短期記憶と中期記憶、長期記憶の3種類があります。

短期記憶は約20秒間しか持たない記憶です。たとえばパッとメモを見て覚えて電話をして、その直後に番号を忘れてしまうというのが短期記憶の一例です。

中期記憶は1時間から1ヶ月の記憶。テストの前の一夜漬けなどは中期記憶ですね。

そして長期記憶はそれ以上の長い期間の記憶。忘れない限り一生覚えている記憶です。

短期記憶、中期記憶の情報は、そのままでは時間の経過とともに忘れてしまいます。

■根気強く働きかけるしかない

何度も同じことをくり返し記憶することで、人は記憶を定着させます。

いつか「帽子は帽子かけに掛ける」という回路がつながる日が来ます。それまでの期間は、怒っていてはストレスがたまるだけです。あきらめて、根気強く言い続けるしか方法はないようです。

少し過去のことを思い出してください。

赤ちゃんの頃は寝返りを打つにも顔を真っ赤にして練習をくり返し、ある日突然にできるようになったのですよね? おすわりも、たっちも、あんよも、赤ちゃん時代には何度も何度もくり返し練習していました。

筋力や身体を使うコツを身につけるのに、くり返し練習が必要だったように、脳を使うコツも…生活習慣を定着させるのにも、ものすごい量の練習が必要なのです。

私たちにも、記憶が定着せずに何度も同じことをくり返し言われていた時期があったのです。でもたぶんそれを忘れているのです。

■ほめて「強化」する

レバーを押すとエサが出るしくみの箱に、ネズミを入れておきます。エサが出るとわかると、ネズミは何度も自分からレバーを押すようになるそうです。

その行動をするとよい結果が出るとわかって、くり返すことを「強化」といいます。

言われて子どもが行動を起こしたあとに、どう強化するか、言葉がポイントです。

せっかく行動を起こしても「何度も言わせないで」「言われるまでやらない！」と叱るのは逆効果ですね。

「帽子を掛けたの？　えらいね！」「靴をそろえてくれたの、助かるなあ」とほめ、感謝してあげましょう。「こうすればほめられる！」と思うと、子どもは自分から進んで行動するようになります。

依頼→行動→感謝のサイクルを試してみてください。

☑根気よく、何度も言って定着させよう。

今日だけよ

出かける前に「今日は買わない」と
子どもと約束したのに
「ジュース、ジュース」などと
騒がれたり、泣かれたりすると、
つい負けてしまいます。
「今日だけよ」はやっぱり
言ってはいけない言葉ですか？

Change!!

今日は買わない日なのよ

楽しみは明日にとっておきましょう

■ほんとうの今日だけは◎

クリスマスやお正月、お誕生日など年に数日は…いつもはダメなことをしても良い特別な日があっても良いでしょう。

ある家族が、テーマパークへ家族で行くために1年間コツコツ貯金しました。ママは節約、パパはおこづかいダウン、子どももジュースやお菓子を買うのをガマンして、夢のテーマパークへ家族旅行。当日は「今日だけは特別」と大いに楽しんだそうです。

こんな「今日だけは特別」はステキだと思いませんか？

その家族がもしも「今日だけよ」と言いながら毎日子どものおやつを買っていたら、楽しい旅行は実現しなかったでしょう。

■大人もガマンの練習を

ガマンとは、目先の誘惑に勝ち、楽しみを先送りにできる能力です。

お出かけ先で泣かれたとき「ここでジュースを買ってやれば泣きやむ」と誘惑に負けてしまう気持ちは、とてもよくわかります。

でも大人が誘惑に負けては、子どものガマンする力は、育たないのです。何をどこまで許すか、決めたら、それを守らないと、自分の欲望をコントロールする力が育たず、ガマンが苦手な大人に育ってしまいます。

「今日は外でジュースを買わない」と約束をしたなら、買わないことを徹底しましょう（もちろん程度問題はあります。決めたら絶対！　というのは子育て中は無理な話です）。

例外は年に数回。少しのガマンをさせましょう。

公共の場所では静かにして欲しくて「ちゃんとしなさい!」
学校の支度をしていないと「ちゃんとしなさい!」
お箸の持ち方など食事のマナーも「ちゃんとしなさい!」
何度言っても効果がありません。

■ひとつひとつを「ちゃんと」教えると…

「ちゃんとしなさい」や「いい子にしなさい」を連呼するような注意のしかたは、あまりおすすめできません。

　初めて低学年を受け持ったある若い先生の話です。そのクラスは少し荒れていました。授業中、先生が話しはじめても、子どもたちは全く聞かなかったのです。いくら「ちゃんとしなさい！」と言っても効果なし。

もうママ！
ちゃんと
しなさい!!
なにを？
おやつが
気に入らないらしい

　悩む先生を見かねて、あるベテラン先生が秘策を授けました。ジェスチャー付きでひとつひとつ「お口にチャック」「手はおひざ」「背筋を伸ばして」「お目々はこちら」と教えるのです。若い先生が半信半疑で試してみると、子どもたちは「ちゃんと」話を聞く体勢になれたのだそうです。

　要するに子どもたちは、話を聞く気がなかったのではなく「話の聞き方」がわからなかったのです。

■子どもが「ちゃんと」できない理由

　子どもだって、大人の期待に応えたいのです。だから「ちゃんと」「いい子に」したいのですが、がんばっても、よく失敗します。

　なぜかというと、この「ちゃんとしなさい」「いい子にしなさい」という言葉の意味は場面で変わり、その都度、意味を解釈する必要があるから。

たとえば電車の中での「ちゃんと」は静かに座っていることですね。友達と一緒に公園で遊ぶときの「ちゃんと」は元気で仲良くすること。食事中の「ちゃんと」は姿勢よく食べること…などなど。言葉の意味が場面に応じて違ってきます。

大人にとっては当然のこと、意識しなくても自動的に判断できますが、子どもには「今の『ちゃんとしなさい』は『静かに座っていなさい』だな」などと状況に応じて判断するのは、まだかなりの難題なのです。

■指示は具体的に

子どもに「ちゃんと」「いい子」らしい行動をとって欲しければ、指示や注意は具体的にする必要があります。

「電車の中では静かに座っていよう」「公園ではお友達と仲良くしようね」「ごはんはよくかんで食べよう」…などなど「ちゃんと」「いい子」の内容を具体的に示せば、子どももどうしたら良いかわかります。

■自分の頭で考えさせよう

できれば大人がいちいち指図しなくても、その場にふさわしい行動ができるようになって欲しいですね。社会性を育てるために、子どもに「ここではどういう風にするのがいいと思う?」と問いかけてみましょう。

「図書館だから静かにしなきゃ」「電車の中だから大人しく座ってる」など、状況に応じた答えができるようになったら、その子の社会性は順調に伸びています。

子どもが「わからない」と答えるときは、伸びる可能性があります。「まわりをじっくり観察してごらん」と、自分自身で観察し頭で考えるよう、うながしましょう。

■ちゃんとできなくてもいい

特に子どもが小さかったり、第一子の時は「ちゃんと」と自分にプレッシャーを掛けてしまいがちです。

「ちゃんとしなくちゃ」「ちゃんと育てなくちゃ」「ちゃんとしていないと許せない」いつもそう感じているならば、もしかしたら「完璧主義」のワナにかかってしまっているかもしれません。

子どものために「もっとちゃんと」したいという気持ちは大切ですが、追い続けていると苦しくなります。ゴールがないため、どこまでもどこまでも走り続けるレースに巻き込まれてしまったような状態です。

日本のお母さんはみんなまじめです。もしかしたら、まじめすぎるのかもしれません。子育てはもうすこし手抜き・適当でいいと私は思っています。

より「よい」よりも、肩の力を抜いた「幸せ」のほうが、子どもも幸せなのです。

ちゃんとしなくちゃ、ちゃんとさせなくちゃ、と気持ちが焦るときは、立ち止まって「それは幸せなこと?」と考えてみてはいかがでしょうか。

✔ 注意するなら、何をどうして欲しいのか具体的に。

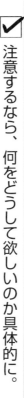

同じクラスの子のほとんどが
ひらがなを書けるので
教えはじめたのだけど、
いくら教えても全然ダメ。
つい「まだひらがなも書けないの！」
などと怒ってしまいます。
もうすぐ小学生なのに、大丈夫？

■発達には段階があります

赤ちゃん時代、首がすわって、次にお座り、ハイハイ…と順繰りに成長してきたように、発達には段階があります。

首がすわっていない赤ちゃんを無理矢理ハイハイさせようとしても害があるだけです。学力にも同じようなことが言えます。

ある学習内容を受け入れる準備が整うことを「レディネス」といいます。数字、計算、ひらがな、カタカナ、漢字…どれをとってもそうです。レディネスができていないのに学習をさせるのは、逆効果になります。

■ひらがなのレディネス

ひらがなが書けるためのレディネスは、文字に興味を持ち、ひらがなが読め、自分で書きたいと思っていることです。

文字に興味を持ったり、書きたくなるきっかけは子どもによって違います。

田舎のおばあちゃんからの年賀状だったり、お友達とのお手紙交換だったり、好きな絵本を自分で読んでみたかったり、大好きな電車の名前を覚えたいと思ったり…興味を引き出すために、文字に接する場面で「読めるようになりたい？」「自分で書いてみたい？」と聞いてみましょう。

数字も同様です。子どもが意欲を見せたときに、少しずつ教えればいいのです。

■「できたこと」を大きくほめる

ひらがなが少し書けるようになったら、子ども自身に手紙を書かせるのもいいでしょう。おじいちゃん、おばあちゃんなど、必ずほめてくれる相手を選ぶことが、子どものやる気を引き出すポイントです。

「おじいちゃんに、お手紙書いてくれないかな」「そのミカン、何個あるか調べてくれる?」と、できそうなことを依頼してみましょう。

そのうえで「もうここまで書けるようになったの、すごい!」「10まで数えられるなんてカッコイイね!」と、できたことを、大げさに喜ぶと、子どもの意欲はふくらんでいきます。

「まだひらがなが書けないの?」「まだ数が数えられないの?」では意欲が縮んでしまうのです。

■問題集やドリルで学力を伸ばすコツ

なにか「勉強」らしい手応えのあることをさせたいなら、子どもに市販のドリルを与えるのもいいでしょう。

このときコツは、年齢より少し年下向けのものを与えるのです(たとえば5歳なら「3歳向け」くらいがいいかもしれません)。

大人としては、少し背伸びしたものを与えたくなりますが、新しいことを覚えるよりも「できた!」と達成感を味わせることに重点をおきましょう。

子どもはあっという間に最後まで終わらせて「お勉強楽しい! もっとやる!」と勉強好きになってくれるでしょう。そうなってから徐々にハードルを上げればいいのです。

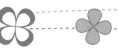

■小学生になる準備

小学校入学のとき、どのくらい勉強ができたらいいのでしょうか。

公立小学校の場合、国語はひらがなが全部読めて（書けない字があってもOK）、自分の名前が書けること（鏡文字混じりでもOK）。算数は1から10まで数を間違いなく数えられるくらいでよいそうです。

ある先生は「勉強は学校に入ってからでいい。入学前には他に身につけておいて欲しいことがある」と言っていました。

先生の言葉を聞いて理解できるか。45分という長い時間、落ち着いて座っていられるか。学校のルールを守ってお友達と（ときにはケンカをしながら）仲良く過ごせるか…などだそうです。

別の先生が、1年生の最初の保護者会で言った言葉を書いておきます。

「小学校1年生は、6年間小学校へ通うという習慣づけすることが第一です。お母様方はお子さんに何も望まないでください。笑顔で毎日学校へ出かけていき『学校楽しかったよ』と帰ってくる。それだけで1年生にとっては素晴らしいことなのです」

✔ あせらないで。まず「勉強って楽しい」と思わせよう。

ゲームなんてやめなさい
NG↓
勉強しているフリをして
ゲームばかりしているうちの子。
ゲームするのは別にいいけれど
ちょっと熱中しすぎです。
少しは勉強して欲しくて
「ゲームなんてやめなさい」
と、ガミガミ言ってしまいます。
Change!!
OK!
それ、ママにもやらせて
一流のゲームクリエイターを目指してみる?

■ゲームより豊かな遊び体験を

ゲームといえばこの歌を思い出しました。

『オレが今マリオなんだよ』

島に来て子はゲーム機に触れなくなりぬ

お子さんと一緒に石垣島に移住した歌人の俵万智さんの作品です。豊かな自然のなか、日焼けした元気な少年の姿が見えるようです。

ゲームを止めさせたいなら、ゲームよりも夢中になれる遊び体験を与えるのが理想ですね。島への移住は難しいですが、自然体験ができる場所に、できるだけ連れて行ってあげるのがいいでしょう。

■みんなでゲーム

ゲームが好きな子には、画面をずっと見続けているゲームよりも「人」を相手にしたゲームの面白さを教える、というのはどうでしょうか。

トランプやカルタなどのカードゲーム、ジェンガなどのパーティーゲームは、友達同士でも、家族でもとても盛り上がりますよ。

年齢が大きくなったら、囲碁や将棋などボードゲームも思考力を鍛えます。

漢字や計算など学習につながるゲームをさりげなく用意しておくのもおすすめです。

■節度を持って楽しませるために

1日のゲーム時間を30分くらいに決めているご家庭も多いでしょう。

でも子どもが夢中になる要素がぎっしりの娯楽を与えて「ほどほどにしておきなさい」というのは酷な話かもしれません。

節度を持って楽しませる方法を考えてみま

しょう。

子どもにゲームをやめさせるために「ノルマにして報告書を書かせる」という方法を聞いたことがあります。

毎日のように「今日のゲームは終わったの？　ちゃんとステージクリアした？　レポートにして提出しなさい」とガミガミ言うと、ゲームが「遊び」ではなく「義務」「仕事」になり、止めてしまうのだそう。

効果はありそうですが、楽しみを奪うやり方ですから、あまりおすすめはしません。

できれば自分で計画的な時間の使い方を見つけてほしいですね。

この本のイラストを描いている上杉映子さんは三児の母。お子さんたちが小学生の頃「ゲームは無制限」としていたそうです。

しかしそれは「平日の朝だけ」。すると言わなくても早寝早起きになり、登校時間があるため、やりすぎることもなくなったそうです。試してみてもいいかもしれませんね。

■子どもの「好き」を体感してみよう

それが「苦手だなあ」「イヤだなあ」というものでも、子どもが興味を持つもの、子どもが好きなものには一度は触れてみることをおすすめします。

子どもの性格や志向の理解につながりますし、子どもにとって「親が自分の趣味を理解しようとしてくれた」というのは、嬉しいことです。それに、最近のゲームは本当によくできています。色も音も、本当にきれいですよ。

■一芸で身を立てる可能性も？

子どもの頃から楽器ばかり弾いていた、という知人は、有名な演奏家ではありませんが、スタジオミュージシャンとして音楽を仕事にして、幸せに生活しています。子どもの頃、本ばかり読んでいた私は大人になって、こうして文章を書く仕事に就いています。

何かを「好き」というのはその子の適性につながる可能性を秘めているのです。

ゲームが好きな子は将来、一流のゲームクリエイターになって世界中の人に娯楽を届けるかもしれません。

最近では「プロゲーマー」という新しい職業さえあるそうです。ゲームショーやコンテストに出場して高収入を得ているそうです。

それを目指せ、とまでは思いませんが「ゲーム＝ムダ」と考えなくてもいいのではないでしょうか。

☑ゲームとの付き合いかたを親子で考えよう。

なに夢みたいなこと言ってるの
NG↓
Change!!
OK!
いいわね！
それからどうするの？

「いつか雲を食べたいなあ」なんて、まるで夢みたいなことを突然言い出すうちの子。小学生にもなってこの調子では将来が不安。「なに夢みたいなこと言ってるの」と、冷たく突き放してしまいます。

■想像力は思いやりの基礎

親ばかエピソードで恐縮ですが、うちの次女は5歳の頃「カバになって月までママを乗せていく」とよく語っていました。大丈夫なのかと保育園の先生に相談したら「想像力が豊かなんですよ」と笑われました。

だれもが想像力を持っています。たとえば、悲しいドラマを見て泣いてしまうのは、主人公の感情を想像して、自分のことのように感じるからですよね。

想像力がうまく働かなければ、他人の立場や気持ちを思いやることができず、人間関係がギクシャクしてしまいがちです。

想像力の豊かな子どもは、人の痛みがわかる、とても優しい子に育っているのです。

■未来を作り出す原動力

「想像力は知識より大切だ。知識には限界があるが、想像力は世界を包み込む」というアインシュタインの言葉があります。

想像することで人類は進化してきました。冷蔵庫、洗濯機、自動車…私たちの身の回りに当たり前にある技術は「こうなったらいいな」を実現化していったのですよね。

さらに最近では、テクノロジーの発達で数年前には「不可能」と言われていたことが次々と実現しています。

その一方で、災害、環境、経済、政治など、大変な問題も多くあります。それらを乗り越えるには「想像力」が不可欠でしょう。想像力が未来を変えるのだと私は思っています。

☑ 夢を見るから人は進化するのです。

電車マニアの息子にウンザリ。
寝ても覚めても電車のことばかり。
お休みの日は、線路の横にある公園で
遊びもせずにずっと電車を見ています。
こっちが飽きてしまって
「よく飽きないわね」と
イヤミを言ってしまいます。

■熱中度合いは人それぞれ

女の子でも3、4歳くらいからキャラクターにはまったり「ピンクのスカートじゃなきゃやだ！」とこだわる時期がありますが、男の子のこだわりはそれ以上。「ミニカーが好き」「電車の知識がスゴイ」「昆虫にはまった」「テレビのヒーローに夢中」など、マニア時代に突入する子が多いようです。

熱中する期間の長さや度合いは、その子によって違っていて、大人が驚くほどの集中力を見せる子もいますし、ほどほどに好きになって、すぐに飽きてしまう子もいます。

■熱中できるのはいいこと

児童青年精神科医の新井慎一先生は「好きなことをがんばれない人は、好きでないことはもっとがんばれない」と言っていました。

確かにその通りだと思いませんか。

どんなに好きなことでも、その中には苦しいことやつらいことが潜んでいます。たとえば電車が好きでも、好きな電車がくるのを待つという退屈なつらい時間があります。電車が好きというエネルギーがあるからこそ、そのつらさを乗り越えられるのです。

好きなことに時間を忘れて夢中になる熱中体験が将来、勉強などつらいことにも耐える精神的な強さの素になるのです。

熱中できるのはいいことです。見守ってあげたいですね。

☑熱中した体験が、その後の心の糧になります。

遊んでいる暇があったら勉強しなさい！

NG↓

小学4年生にもなるのに
自分からは全然勉強しようとしません。
成績が下がっても平気な顔で
こっちがイライラ。
「遊んでないで勉強しなさい！」
「そんな暇あるの？」なんて
ついガミガミ言ってしまいます。

Change!!

OK!

ママは漢字検定に挑戦するよ
100マス計算のタイムを競争しようか

■学力は目的ではなく手段

一流といわれる学校に行って、大企業に就職したり、医師や弁護士など収入とステイタスの高い仕事に就くのが、人生の幸せ…そういう価値観もありますね。

勉強はできたほうがいいし、働くなら収入が多いほうがいい、努力した者が報われるべきだ、と思うのは間違っていません。

でも、成績が悪い子は幸せになれない、なんてことはありませんよね。毎日ちゃんとごはんが食べられて、住む場所にも、着るものにも困らず、家族が健康で…それで充分に幸せを感じられるのではないでしょうか。

■一緒なら勉強だってがんばれる

漢字練習や計算問題などは、学力を定着させるためにくり返し学習が必要です。でもあれは単純作業。面倒くさくて飽きてしまい、子どもひとりではなかなか続けられません。

「勉強しなさい」と上から目線で監督するよりも「一緒に勉強しよう」と声をかけるほうがモチベーションが上がります。

たとえば資格試験に挑戦してみてはいかがでしょう。子どもの勉強時間と自分の学習時間をあわせて「20分間、一緒に勉強しよう」と励ましあえば一石二鳥です。

子どもと一緒に漢字検定を受検したり、100マス計算のスピードを家族で競い合うなど、子どもの学力を高めながら、大人の脳を鍛える方法もありますよ。

✔親も学んで「勉強するのは当たり前」という認識を。

「おてちゅだいする」が口癖の息子。
気持ちは嬉しいのですが
実際は、ありがた迷惑です。
「あなたにはまだ無理！」
と言っても、聞いてくれません。
まだちゃんとできないうちから
お手伝いをさせるべきでしょうか？

■お手伝いで意欲を育てるはずが…

子どもにはどんどんお手伝いをさせたほうがいい、自分の食べた食器をシンクまで運ぶだけでも「ありがとう」「うれしい」「助かった」と大げさに感謝すると、子どもは「自分は役に立った！」と自信をつけて、もっとお手伝いをしようと意欲的になる…と、育児書にはよく書いてあります。

わが家でも、お手伝いをしている間だけ、大人は手も口も出すのはガマンして、見守る…と試みたことがあります。

しかし予想通り、失敗してガシャーン！やはり早すぎたか…と後悔しました。

■お手伝いに失敗したとき

失敗しない人間なんていません。食器洗いでうっかり皿を割ったり、仕事で書類ミス…なんて誰にでもあること。「しまった！」と思っているところに「あなたには無理」と言われてしまうと…大人だって心がしぼんでしまいますよね。子どもならなおさらです。

さらに、子どもだから同じ失敗を何度もくり返すこともあります。転んで覚えるスキーと同じで、どんなことでも失敗してみるのが一番いい練習なのです。くり返すうちにできるようになります。

何度も練習をくり返すことに耐えて意欲の芽を育てるか、それとも耐えきれず摘んでしまうか、大人の度量しだいなのでしょうね。

✔「失敗」はできるだけ早い時期に学ばせましょう。

お絵かき遊びをはじめたうちの子。
どんな絵を描くのか見ていたら
顔から直接手足が生えているような
ヘンテコな絵を描いています。
「変な絵。ちゃんと描きなさい」と、
お手本を渡しましたが
それ以来、絵を描こうとしません。

ヘンな絵

NG↓

Change!!

OK!

何を描いているの？

いい絵だね／もっと描いて

■顔から足が生えている絵!?

3~5歳くらいの子どもは、顔から手足が出ているような絵をよく描きます。

これは人種や文化など関係なく、全世界の子どもに共通の発達で、ちゃんと「頭足人」という専門用語もあるのです。

一番わかりやすい顔を大きく描いて、そして子ども自身が動きとして体感しやすい手足を描きます。胴体を省略するのは、まだ胴体が意識に上っていないからだそうです。

頭足人を描くのは正常な発達の段階なので、心配は無用です。自由に描かせているうちに、だんだん胴体や指の1本1本までていねいに描くようになります。

■ほめてたくさん描かせよう

子どもはいい作品を残すためではなく、ただ楽しいから描くのです。歌ったり踊ったりするのと同じです。

楽しく体を動かして遊ぶことが、体力や敏しょう性を鍛えるように、楽しんで絵を描くことは、表現力、色彩感覚、手先の器用さなどさまざまな働きを鍛えます。

子どもの絵が気になるときは「何してるところ?」「これは誰?」と聞いてみてください。子どもが「これはママ!こっちがパパ!これがぼく!」など、楽しげに解説しはじめたら、楽しみながら聞きましょう。

ほめるとたくさん描いてくれますよ。

✔ 子どもの「作品」は、変でいい、変がいいのです。

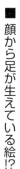

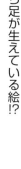

感性豊かな子に育てたくて
子どもにいい音楽を聞かせたり
いい絵を見せたりしていますが
あんまり関心がないみたい。
「きれいな音楽ね」
「ステキな絵だね」などと言っても
あまり興味がわかないようなのです。

■静かに感動しているのかも

芸術を感じることと、それを言葉で表現することとは別の能力です。

「すばらしかった！」と大げさに表現している子と、黙って何も言わない子と、どちらが心の深いところで作品を受け止めているか、誰にもわかりません。

深く感動し、それをストレートに表現できる子がいる一方で、心の深いところで感じているのにそれを表現できない子や、そもそも芸術にはあまり心を動かされない子もいます。どれも個性で、優劣はありません。

感動を言葉で表現できる子なら、じっくり聞いてあげてください。「ここがよかった！」「こう思った！」など、言語化できるのは、すばらしい能力です。

■感受性はどう育てるの？

そういう子に比べると、感動を表現するのが苦手な子や、感動していないように見える子は、物足りなく見えてしまいます。

でも「どうだった？」「どう感じた？」「面白かった？」と根掘り葉掘り質問したり「きれいだったわね」などと感じ方を押しつけないようにしましょう。

子どもは自分の感動を自分の感覚で味わうことができなくなってしまいます。

感受性、創造性、想像力などは、言葉にできない領域があります。親が先回りをして、言葉で型にはめないほうがいいのです。

✔ 感受性を育てるつもりで、感じ方を押しつけないで。

なんでも挑戦するような
意欲を持った子になって欲しくて
「やればできる」と
励ましているのですが
本人はのんきにしています。
どう言ったら
やる気になってくれるかしら。

■プラスに働くこともある

「やればできる」ってマイナスばかりではありません。

子どもが「自分にできるかな?」と不安になったとき、後押しとしての「やればできる」はいい言葉です。

「一緒にがんばってみようか」などとセットで「やればできる」と声をかけてあげてください。きっと「挑戦してみよう」と意欲が出てくるはずです。

■できるから、やる

しかし「やればできる」って、けっこう難しい言葉なのです。じつは私も失敗したことがあります。

長女が小学生の頃のこと、算数の宿題が進まないようなので、励ますつもりで「やればできる」と声を掛けました。

でも彼女はこう言いました。「できるなら、やってるから!」

私は本心から「やればできる」と思っていたのですが、子どもにしてみれば「できないからやらない」というか「できないからできない」。つまずきを自分では克服できない状態だったのです。

「やればできる」は私の願望というか勝手な思い込みでした。それから一緒に教科書を見直して「なるほど!」とわかると宿題をスイスイ進めることができました。

励ますつもりで「やればできる」と言うのは、単に「やりなさい」と突き放すのと変わらないようです。

やればできるはずなのに、やらない・できないとき、どこかでつまずいていないか、できない理由を一緒に探してあげるのがいいのですね。

■隠された裏メッセージ

さらに「やればできる」には「今は（それほど）やっていないから、できないよね」という裏メッセージがあります。

肯定するつもりで発した言葉が「やっていない」「できない」と否定しているのです。

本音は「さっさとやれ！」ですよね。

言っている親も、言われている子も、なぜかその裏メッセージに気づかずに目をつぶってしまう不思議な言葉です。

■まだ本気を出していないだけ？

無責任に「やればできる」と言われ続けた結果、大人になってこんなことを言い張る人もいます。

「自分はやればできるけれど、まだ本気を出していないだけだ」

内心はこうでしょう。

「やればできるはずだけど、もしできなかったら怖いから、今はまだ、やらない」

やらないでいれば「本当はできるかもしれない」という可能性をつぶさずに済みます。

そこにプライドをかけているのです。

しかし客観的に見れば「やればできる」と口では言いながら、それを信じられず、あらゆる挑戦から全力で逃げている状態です。

ごまかしの言葉をかけられた子どもは、自分の心をごまかすようになります。

どこかで「やらないとできない」に気づかないと、人生を無駄に過ごしてしまいます。

■がんばっていることを励まされると

本人が、すでにがんばっていることに対しての「やればできる」は要注意です。

繊細な子だと、一生懸命にがんばっている

ことに対して「やればできる」「がんばれ」と励まされてしまうと「もうがんばっているのにこれ以上どうすればいいの?」と、追い込まれてしまうことがあります。

その子がもう、がんばっているなら…そのことがらに対しては「やればできる」は言わずにおきましょう。

励ましたいなら「がんばってるね」と、これまでの努力を認めてあげればいいのです。

■ やってできない子はいない

子どもは誰だって「やればできる」のです。ただ、やるかやらないかは本人しだいです。

心で信じて、口には出さなくてもいいのだろうと思っています。

☑ やればできる=やらなきゃできない、というあたりまえのことを忘れないで。

不器用ね
NG↓
うちの子は5歳になるのですが
ハサミを使うのも下手だし
リボン結びもできません。
いつも見かねて
「あなたはホントに不器用ね」と
かわりにやってあげるのですが
このままで良いのでしょうか。
Change!!
OK!
上手にできたね
ここはママに手伝わせてくれる?

■手先の器用さには発達段階がある

大人は「◎歳ならこのくらいはできるはず」と考えがちですが、子どもの発達は大人の思い通りにはいきません。

子どもに見本を渡して図形を写させるというテストがあります。

三角形が描けるようになるのが一番早く、次が四角形だそうですが、3歳でひし形を書ける子はほとんどいないそうです。大人から見れば四角形もひし形もちょっと角度が違うだけですが、子どもには難しいそうです。

6歳の子の4人に1人がひし形をちゃんと描けなかったという結果が出ています。これは描けなかった子が不器用なのではなく、ただ発達のスピードが違うだけのこと。

一見不器用に見えるのは、まだ年齢的にその能力に達していないだけかもしれません。同じ枝の植物でも早咲きの花と遅咲きの花があるようなものです。決めつけるには、まだ時期が早すぎます。

■楽しく手先のトレーニング

もしかしたら…本当に先天的に手先が不器用なこともあるでしょう。

でも、そんな子が工作やお絵かきを嫌いになってしまったら、手先の訓練が不足して、さらに不器用になってしまいます。

手先は使うほどにどんどん器用になっていくものです。意欲を持って工作やお絵かきが楽しめるよう、言葉かけを工夫しましょう。

決めつけて、子どもの可能性を潰さないように。

「どうして空が上で地面が下なの?」
「なんでパパは男なの?」
「なぜ」「どうして」のくり返し
面倒になって
「そんなのあたりまえでしょ!」と
切り捨ててしまいますが
これって、よくないですよね?

■ささいなことに疑問を持つ

子どもって大人が「あたりまえ」と思っていることに疑問を持ちますよね。

素朴な疑問を抱くのは、世の中の様々なことに興味を持っているから。つまり成長している証拠です。

いいことなのですが、正直ちょっと面倒、と思ってしまうこともあります。

もし「なぜ1＋1は2なの？」「なぜ物は上から下に落ちるの？」と子どもに問いかけられたら、あなたはどう答えますか？

たいていのママ・パパは答えられないでしょう。私も説明できません。

だからといって「あたりまえでしょう」「くだらないこと考えてないで」「常識だからよ」などと答えるのはよくありませんよね。

子どもとの会話を打ち切りたい、面倒は避けたいという意思表示になります。

さらに「そういうことは考えてはいけません」「疑問を持つのはよくないこと」というメッセージも伝えてしまいます。

これではせっかくの好奇心がつぶされてしまいます。

■安易に正解を与えない

ではどんな風に答えるのがいいのでしょう。数学や物理学にくわしいママ・パパなら「それはね…」と正解を教えられるかもしれません。

教えてあげたい、という気持ちはわかりますが、安易に正解を与えるのは、子どもにとってプラスかどうか考えましょう。

答えを教えれば「うちの親はなんでも知っている」と子どもは思います。

親を尊敬するのは大事なことですが、いつも親から答えを与えられるのが習慣になると

「わからなければパパに聞けばいいんだ」と、自分で考えることをやめてしまうのです。

考えずに得た知識は、いくら蓄積しても身に付きません。

■調べることで大人も学ぶ

子どもの素朴な疑問には「ママもわからないから一緒に調べてみようか」など前向きに答えて、できれば一緒に調べてあげるのがいいと言われています。

一緒に調べることで、大人も雑学が身に付きます。さらに検索エンジンの使い方、辞書の引き方、図書館でのマナーなどを教えるいい機会にもなるでしょう。

子どもが自分で調べられる年頃になったら「ママもわからないから調べて教えて」とレクチャーを頼んでみましょう。

調べる→その結果をわかりやすく伝える、というサイクルを作ると、学びがどんどん深まります。

■疑問を抱き続けることの大切さ

余裕がなくて一緒に調べることができないときは「どうしてだと思う？」と質問返しをしてもいいでしょう。子どもは自分の頭で考えるようになります。

ちなみに「なぜ1＋1は2なの？」「なぜ物は上から下に落ちるの？」というのはニュートンが幼少時代に思いついた疑問だそうです。その疑問をずっと考え続けていたからこそ、万有引力の法則を発見できたのかもしれませんね。

■あたりまえに感謝しよう

ところで「ありがとう」の反対語は「あたりまえ」という説があります。

ありがとうは「有難い」。あることがむずかしい、つまり奇跡のようなできごとという意味だそうです。

考えてみれば…今日も三度の御飯がきちんと食べられること、着るものや寝る場所に困らないこと、子どもが健康でいてくれること…あたりまえの毎日のすべてが、奇跡の連続なのですよね。

あらゆることを「あたりまえ」なんて思わずに「ありがとう」と受け止められたら、子育てのイライラも減らせるだろうと思うのです。

✔ 子どもの「なぜ?」は、成長するチャンスです。

幼稚園に入ったばかりで
どうしているか気になって
「幼稚園、大丈夫？」
「意地悪な子いない？」
「みんなと仲良くできた？」
と何度も聞くのですが
なにひとつ答えてくれません。

■期待と不安でいっぱいの心

はじめての集団生活、本人はもちろん、ママ・パパ自身も不安でいっぱいですよね。

でも、わが子がうまくやっていけるかどうか、気になるあまり「幼稚園、大丈夫?」「意地悪な子いない?」「先生は怒るの?」なんて、あまり聞かないであげてください。

ただでさえ不安なうえに、こんな質問をされると、ますます不安になってしまいます。

■言葉で気持ちを盛りあげよう

ステージなどで正面からスポットライトを当てると、人の表情ははっきり見えます。同じ光を後ろから当てると、シルエットしか見えなくなります。

光の当て方で、まったく見え方が違う…言葉にもそんな効果があります。

子どもに「いじめられなかった?」と聞くと、心の中の「いじめ」にスポットライトが当たり、あれはいじめだったのかな…と友達を疑うようになります。「何か嫌なことあったの?」と聞かれた子どもは、嫌なことを探して落ち込んでしまいます。

同じ聞くなら、明るいイメージの言葉のほうがいいのです。

集団生活はスタートが肝心です。

特に入園・入学前には「優しい先生がいるよ」「お友達といっぱい遊ぼう」「楽しみだねー」と気持ちを盛りあげてあげましょう。

☑ 集団生活のスタートは言葉で良いイメージを与えよう。

本を読むから
黙って聞きなさい
NG↓
本の好きな子に育てるには
読み聞かせがいいと聞き
寝る前に絵本を読んであげるのですが
黙って聞いてくれません。
「本を読むから静かにしなさい」
といっても、効果なし。
読み方が下手なせいかしら？
Change!!
OK!
一緒に本を楽しもう
どの本が読みたいの？

■読み聞かせの効果

言葉の数（語彙力）を増やしながら、想像力と聞く力を育て、本や文字に対する興味を持たせるなど、さまざまな利点がある「読み聞かせ」。実践している方も多いでしょう。

親に本を読んでもらうことで、子どもが精神的に落ち着いたり、親子の絆が深まるという意見もあります。

■静かにさせたいなら、静かな声で

せっかく読み聞かせするのだから、やっぱりちゃんと聞いて欲しいですよね。

どうしたらちゃんと聞いてくれるのでしょうか。以前、図書館の児童室を取材したときに、読み聞かせをしている司書さんに、子どもが聞いてくれないときはどうしているのか聞いてみました。

すると意外なことに「聞いてくれなければ、聞いてくれないほど小さい声で読む」との答え。大きな声で聞かせようとするから、それに負けまいとして、大きな声で子どもは騒ぐ…小さい声なら「何を言っているんだろう？」と興味をかき立てられて、自然に耳をすますのだそうです。面白いですね。

■静かにお話を聞けないとき

でもそれでも聞いてくれない子も多いでしょう。さらに「騒ぐときは？」と質問すると、その子が読み聞かせを受け入れられない状態なのかもしれないと教えてくれました。

読み聞かせをはじめる前に、まず生理的な条件（空腹や暑さ、トイレをガマンしているとか）を思いやってあげるのがいいそうです。

生理的な条件を取り除いても、お話を聞けないときは、いまはそんな気分ではないということでしょう。じっと聞くよりも、自分のことを話したいのかもしれませんね。

そんなときには、先にじっくり子どもの話を聞いてあげてください。子どもの話が終わってから、読み聞かせをすればいいのです。

■本選びは子どもの好みを尊重して

大人がいいなと思う絵本に興味を持てなくて、お話を聞けないこともあります。

読み聞かせは子どもの好きな本を選ばせたほうがいいでしょう。

残念ながら大人が読ませたい本と、子どもが見たい本は、違うようです。虫の本、お化けの本、ウンチの本、オナラの本…内心は「ぎゃー」と思ってしまうものを読みたがることも多々あります。

リアルな昆虫の本など、どうにも生理的に受け付けない場合は「この本はママは苦手だから読み聞かせはしたくない、でもあなたが自分で読むのはかまわない」と言ってもかまいません。

■形にこだわらなくてもいい

読み聞かせるときは、本を一言一句、間違えないように読むのがいい、と言う人もいますが、私は「適当でいい」と思います。なぜかというと、親が子に聞かせる読み聞かせは「勉強」ではなく、コミュニケーションだから。

　子どもが「これなに？」と聞いてきたり、自分なりにお話を始めたら、本から離れてもいいでしょう。

■本を一緒に楽しもう

「本を読むから黙って聞きなさい」と言うのは、親が子どもにためになるものを与えるという、上から下へのスタンスの言葉です。

　これを「一緒にお話を楽しもうね」や「ご本を一緒に読もうよ」と親子が横並びになる言葉に言いかえてみましょう。

　読み聞かせをするママ・パパもワクワク楽しい気持ちになってきませんか。楽しさを共有する時間が、子どもの心を育てます。

　そして、そんな豊かな時間は、子どもの心だけではなく、大人の心もじんわりとほぐし、育ててくれるのです。

✓ 読み聞かせは子どものペースで楽しみましょう。

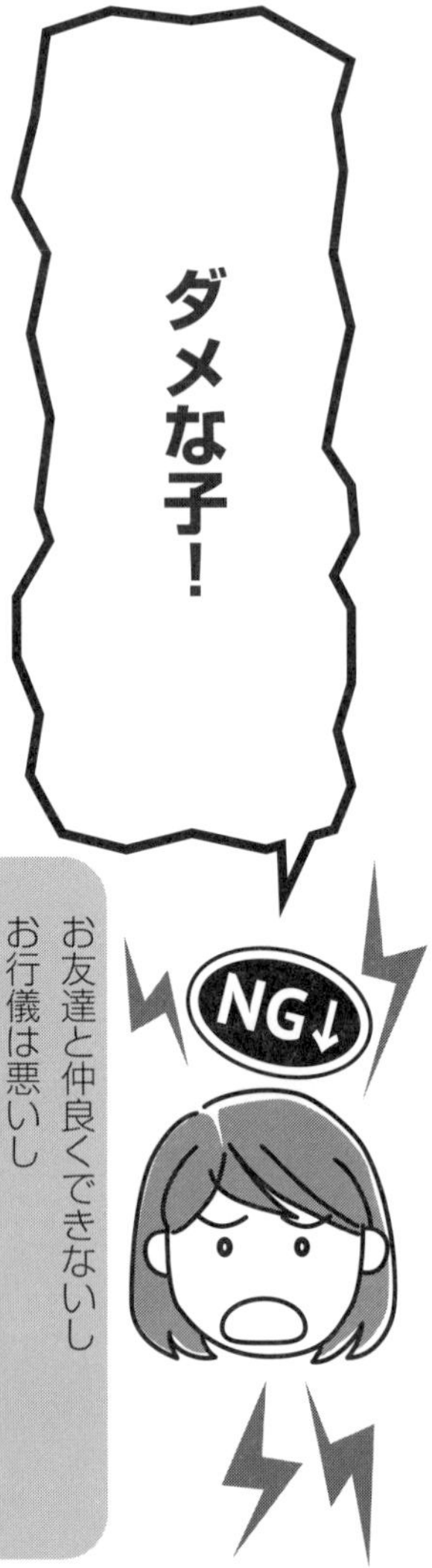

お友達と仲良くできないし
お行儀は悪いし
いつも失敗ばかり。
わが子ながら
ダメなところばかり目について
「ほんとうにダメな子ね！」と
ため息をついてしまいます。

■ダメ人間を育てる方法？

「何をやってもダメなんだ」と思っていると、失敗するのが人生です。

もちろん、生まれつきダメな人なんかいません。でも失敗するたびに「おまえはダメな子だ」「何度やってもできない」と言われ続けていると、いつの間にか暗示にかかり「ダメなんだ」と思いこんでしまうことはあります。

自分はダメだという思いこみは、呪いのようなものです。

そんな呪いにかかってしまった子は、挑戦する前にあきらめたり、人の成功をねたんだり、無気力になったりします。

■「自分はダメ」という呪い

私たち親は、そんな子に「いい子になりなさい」とも要求します。

ダメな子の反対がいい子だと思い、ダメなところを無くしていい子にしたいのです。

でも、これは子どもにしてみれば、苦しい要求です。

自分をダメな子と思い込んでいる子どもは「いい子になりたい」と願いながら同時に「自分はダメな子だから、願いがかなうはずがない」と心のどこかでストッパーを掛けてしまっているのです。

これでは「いい子になりたい」といくら努力しても、うまくいくはずはありません。

そしてまた「おまえはダメな子だ」と親から言われ、自分で「自分はダメなヤツ」という思いを強くする…そんな悪循環からなかなか抜けられなくなってしまうのです。

■自己肯定感を身につけさせよう

自分で自分をダメだと考えることは自己否定です。「謙虚」とは違います。自信があってこそ謙虚になれるのです。

自信を育てるためには「自己肯定感」がポイントになります。

自己肯定感というのは「自分はこれでいいんだ」と、自分で自分を認める感覚です。

この自己肯定感がないと、自分自身を大切にすることができず、自分はダメな奴、不要な人間なんだと思い込んで、生きることさえつらくなってしまうのです。

■あなた自身の自己肯定感は？

「無事に生まれて欲しい」からはじまり私たち親は、子どもにいろいろな期待をします。

「夜泣きをせずに寝て欲しい」「元気で幼稚園に通って欲しい」「お友達と仲良く遊んで欲しい」などなど…子どもに期待するのは親として当然の気持ちです。

だからこそ、ママ・パパは時々、自分の内面で「こうあって欲しい」が「こうでないとダメ」にすり替わっていないか、注意してみてください。

「こうでないとダメ」が「今のままではダメ」に変わると「この子はダメなんだ」と決めつけてしまうことがあるのです。

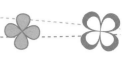

「ダメな子！」と言ってしまうのは、そんな状態の親が、子どもの現状にあわない要求を突きつけて、子どもを傷つけている言葉のように私には思えます。

さらに「ダメな子」という言葉は、それを発している本人も傷つけているのです。「私はダメな子の親」と自分を決めつけ、自己肯定感を損ねてしまっています。パパ・ママの心の中でも、とてもつらい連鎖が続いているのではないでしょうか。

■叱るのは「したこと」

「ダメな子」「悪い子」など悲しい言葉をもしも言ってしまったら「ごめんなさい」「本当はそう思っていないよ」と、すぐに子どもに伝えましょう。

自己肯定感を損なわないための叱り方のコツがあります。叱るときは「あなた」ではなく「あなたのしたこと」を叱るのです。

「◎◎ちゃんは大好きだけど、これはいけないこと」と、自分を認めてもらいながらの注意なら、耳を傾けられるはずです。

さらに「惜しい！」という言葉もおすすめです。

残念ながら失敗したときも「惜しい」なら自己肯定感を損ねません。

「やればできるはず」という信頼感が伝わるので「次はがんばってみよう」と思えます。

☑ 失敗とその子の評価とは別もの…
パパ・ママ自身も自己肯定感を育てよう。

幼稚園から帰って来ると
お友達のことや先生のこと
いろいろ話してくれるのですが
内容があちこち飛んで
何を言いたいのか理解できません。
「ちゃんと喋りなさい！」と
イライラしてしまいます。

子どもとの会話は内容よりも気持ちのやりとり。

■会話は情報交換だけではない

幼い子どもの話はまとまりがなく、意味不明なことも多いですよね。

ですから、まともな大人がちゃんと聞こうとすると、ストレスがたまります。

逆に言えば、ストレスがたまるのは、ちゃんと聞いて理解しようとしている証拠です。

子どもの話がわからなくて、ついイライラしてしまうママ・パパは、子どもの話を聞こうとしている、子ども思いの親なのです。イライラしても自分を責めないでくださいね。

■聞き流していいこともある

会話には情報交換のほか、相手とのコミュニケーションという意味もあります。そして、子どもと会話するときのメインはコミュニケーションです。

イライラするくらいなら、いっそ情報部分をあきらめてしまって（言葉は悪いですが）聞き流してもいいかもしれません。

聞き流すといっても聞いているフリは必要です。子どもと目を合わせて「うん、うん、そうなの…そうだったの、ふーん、それで？」と、相づちを打ってあげましょう。

見守っているうちに、表情や体の動き、言葉のリズムなどで、子どもの言葉がスッとわかることがあります。耳だけで聞くより、目と心で聞くほうが多く通じ合えるのですね。

そんなふうに心が通じる瞬間があれば「会話ごっこ」でもいいのではないでしょうか。

下の子が生まれてから
なぜかベタベタ甘えてくる長女。
赤ちゃんに手間がかかるので
少しはお姉ちゃんらしくして欲しくて
「お姉ちゃんらしくしなさい」
「お姉ちゃんでしょ！」などといっても、
まったく効果がありません。

■赤ちゃん返りの複雑な心境

下の子が生まれて、お兄ちゃん・お姉ちゃんとしてしっかりしなければならない…周囲のプレッシャーを感じているのが上の子です。

また、今まで独占できたママ・パパが、自分以外の存在に関心を寄せ、かわいがっているのも上の子の不安をかき立てます。

「下の子にばかり手をかけて、自分はもう振り向いてもらえないのでは」という思いが「やっぱり弟や妹のほうがかわいいんだ」と発展し「自分は愛されていないのでは？」と自信をなくしてしまったりもします。

複雑な気持ちを抱えているから、上の子の行動は不安定です。ママに喜んでもらいたくてハリキリすぎたり、下の子と同じに扱って欲しくて赤ちゃん返りをして甘えたり、振り向いて欲しくてわがままが出てしまったり…そんなことをくり返してしまうのです。

赤ちゃん返りや突然の不機嫌、甘えは単なる独占欲やわがままではないことをわかってあげてくださいね。

■家族の連係プレーで乗り切って

上の子がまだ小さく、下の子が生まれたばかりという状況では、どんなにがんばってもママひとりでの育児はとても大変です。

授乳の都合もあって、ママは赤ちゃんにつきっきり…となることが多いのですが、家族に協力してもらって、できるだけ意識して、上の子との接点を持つようにしましょう。

おむつやミルクなど、生まれたばかりの赤ちゃんの世話は他の家族でもできますが、上の子の気持ちを満たすには、ママでなければという場面も多いでしょう。

まず自分自身が受け入れられているという実感があってこそ、上の子は安心して弟や妹という存在を受け入れ、家族の中での自分の位置を定めていくことができるのです。

■ほめ方にも気をつけて

「お兄ちゃん」「お姉ちゃん」と呼ばれるのは上の子にとって誇らしく、うれしいことです。でも、「さすがお兄ちゃん」「お姉ちゃんになったわね」というほめ言葉は、使いすぎないよう気をつけましょう。

ほめているつもりでも「役割に当てはめた呼び方」でほめられるのは、ちょっとツライですし「年上だからといって、自分だけガマンをするのは理不尽」という気持ちも心のどこかに持っています。

「お兄ちゃん」「お姉ちゃん」と呼ばれるのは大人で言えば「◎◎ちゃんのママ」「◎◎さんの奥さん」と呼ばれるようなものです。

「ママなんだからしっかりしなさい」といつもいつも言われ続けていたら…「その通り、しっかりしなきゃ」と思う反面、なんだか疲れたり、反発したくなったりしませんか。

「お兄ちゃん・お姉ちゃんという役割の人だから、できた」のではなく「あなただから、できた」というスタンスで、できるだけありのままの子どもを認めてあげましょう。

■お兄ちゃん・お姉ちゃんの育児参加

弟・妹をライバルとして意識しながらも、子どもはもともと、好奇心旺盛で赤ちゃんが大好き。弟・妹という小さな新しい生き物の存在に、ママやパパと同じくらい、ひょっとするとそれ以上にワクワクしているのです。
家族ですもの「赤ちゃんの面倒を一緒に見ようね」と、誘ってあげましょう。「ミルク持ってきて」「いないいないばあして遊んであげて」「オムツ替えるから見においで」「赤ちゃんの服はどっちがいいと思う?」などと言葉をかけて、上の子も育児に参加してもらうのです。

下の子の面倒を一緒に見ながら「あなたの赤ちゃんの頃もこうだったよ」と思い出を話してあげるのもいいですね。

※上の子にまかせっきりにしてはいけません。特に10歳までの子どもに0歳児のお世話をさせるときは、大人が必ず同じ部屋にいるようにしてください。まったく悪気はなくとも、泣いた赤ちゃんをあやそうとだっこして落としてしまった、よだれを拭いたハンカチで鼻と口をふさいでしまった…などの事故も起きています。

☑ 役割を押しつけられるのはツライものです。

新しいのを買いましょう

NG↓

子どものお気に入りの
ぬいぐるみが破れてしまいました。
裁縫は苦手でうまく直せないし
高価なものでもないので
「新しいのを買いましょう」
と言ったら「イヤ」と大泣き。
どうしましょう。

Change!!

OK!

パパなら直せるかな

修理して大切にしようね

■買えるモノと買えないモノ

世の中にはお金で買えるモノと、お金では買えないモノがあります。

子どもたちに「お金で買えないモノって何？」と聞くと「命！」「家族！」「愛」「優秀な頭脳」などさまざまな答えが出てきます。

人とのつながりも、お金では買えませんね。子どもはおもちゃを擬人化して、人間同士と同じような絆をつくりあげます。

だから、壊れたから代わりをどうぞ、と言われても心が納得できないのです。

おもちゃが壊れたときは「新しいものを買いましょう」という前に、古いおもちゃと子どもとの関わりの中に、お金で買えないつながりがあるかどうか、考えてみましょう。

そしてぜひ、修理に挑戦してみることをおすすめします。

大切なおもちゃを、大好きなママ・パパが一生懸命修理してくれた、という思い出はいつまでもあたたかく残るでしょう。

■「もったいない」を意識しましょう

環境も、経済も、食も、これまでの常識が大きく揺らいでいるのが現代です。子どもたちが将来どんな社会で、どんな生活をすることになるか、誰にも予想がつきません。

この先、何があっても生きていける、たくましい大人にするためには「もったいない」を意識して育てていくほうがよいのです。

☑ 捨てる前に、ちょっと考えてみませんか。

泣かないの！
NG↓
すべり台の順番を抜かされたとか
お友達につつかれたとか
ささいなことでメソメソ…
からかわれてビックリしただけで
泣いてしまうこともあります。
「泣かないの！」と叱っても
逆効果かなと思うのですが…。
Change!!
OK!
悲しいね、くやしいね
泣いていいよ／お水を一口飲んでごらん

■子どもの涙に共感を

赤ちゃんの夜泣き、幼児のぐずり…「泣かないで〜」とおろおろすればするほど、子どもは泣き止まず…もうどうしたらいいのかわからない。そんな経験、誰にでもあるんじゃないでしょうか。

私も途方に暮れて「こっちが泣きたい」と何度思ったことか。実際に子どもを抱きながら泣いちゃったことも一度や二度ではありません。

子どもが泣いているとき、どうしたらいいのでしょうか。

「悲しいね」「つらいね」「痛いね」などと、その時々の子どもの気持ちに寄りそって、言葉に翻訳してあげるのがいいのだそうです。

なぜ泣いているのか、感情に名前が付くことで、子ども自身も精神的に落ち着くのだそうです。

■泣いても大丈夫

あるとき気づきました。永遠に泣き続ける子どもはいません。泣き飽きて静かになるか、泣き疲れて眠るかのどっちかです。

泣いても大丈夫なんです。時には、ただ泣かせてあげましょう。

お母さんがあわてれば、子どもにも不安が伝わります。

割り切れば、子どもには安心感が伝わり気持ちを早めに切り替えられることもあります。

■気をそらすという手段もある

私は泣いている娘に「泣くんじゃない」と叱ってさらに泣かせてしまったこともありま

した。

感情が激してしまって止まらないときに上から押さえつけると、さらに感情はエスカレートします。火に油を注いだような状態になるんですね。

子どもの感情を力づくで動かそうとしても無理があります。

感情を存分に味わうことで人は感情とのつきあい方を学びます。

「自分の感情をコントロールする方法を学習している」と考えれば、ママの感情も子どもの涙に振り回されずにすむかもしれません。

自分で泣きやめないときは、たとえば「お水をひとくち飲んでごらん」など「気をそらす」というアプローチも、試してみてもいいんじゃないかと思います。

■よく泣く子は実は強い子

弱いから泣く、と考えがちですが、よく泣く赤ちゃんはよく育つといいます。いろいろなことに気づいて訴える能力があるからです。

精神衛生上、泣けるということはとてもいいことなのだそうです。

感情の高ぶりで出る涙には、脳から分泌されるプロラクチンやコルチゾールなどのストレス物質が含まれています。さらに泣いた後は苦痛を和らげる鎮静物質が出るのだそう。

思い切り泣いた後にすっきりするのは、涙の働きでストレス物質が体外に出て、しかも苦痛を和らげているのですね。

赤ちゃん時代を過ぎてもよく泣く子は、無意識に自分でストレスを解消しているのかもしれません。

■泣きたいときに泣ける子に育てよう

人はなぜ泣くのか考えてみましょう。

泣くことで悲しみや怒りなどの感情を表現し、発散させるためです。泣きたいときに泣けないのは、とても不自然でつらいことですね。

「泣かないで偉いね」とほめられたせいで泣けなくなってしまうこともあります。

泣かない子は、どれだけのものを心にため込んでしまうでしょうか。

子どもですから、泣きたいときは泣かせてあげましょう。

涙で感情を思いきり発散した子どもは、すぐに元気になります。泣きたいときちゃんと泣ける本当の意味で強い子に育てたいですね。

☑ 泣きやませようとするより、気持ちに共感を。

小学生にもなって
「抱っこして〜」
「一緒にネンネして〜」など
ベタベタ甘えてくる娘。
あまりにしつこくて
「もう赤ちゃんじゃないんだから」と
冷たく突き放してしまいます。

■階段を上るように成長する

家で子どもが甘えてくるのは、外でがんばっている証拠です。

公園、幼稚園、学校、お友達や先生など、子どもなりに緊張してがんばっています。その緊張の糸がママの前ではほどけて、甘えになってしまうのでしょう。

子どもの成長はグラフで表すと、右肩上がりの直線ではなく、階段のように休み休み上がるグラフになります。

甘えて、一歩踏み出して、ちょっと不安になって甘えに戻り、元気になってまたもう一歩遠くへ踏み出す…と子どもの心は行ったり来たりしながら成長します。

ですから、甘えたがるときは、甘えさせてやるのが一番です。ちゃんと甘えた後は子どもの中に「よし、がんばろう」という気持ちが湧いてくるのです。

■今だけの期間限定

親に無条件に甘えて、小さな身体をすり寄せてくれる期間は、本当に短く貴重です。

あと数年で、抱っこから卒業します。ほっぺをスリスリしたりもできなくなりますし、わき腹をコチョコチョして無邪気にのけぞって笑うのも今のうちだけ。子ども時代のかわいさは期間限定の貴重な宝物なのです。

「赤ちゃんじゃないのに、甘えてくれてありがとう」と言葉を変えてみましょう。ママの気持ちもきっと変わるはずです。

✔ 甘えてくるときは、しっかり甘えさせてあげて。

チビ、デブ

小柄でコロコロしている娘。
いつもニコニコしているのですが
パパがふざけて
「チビデブちゃん」と呼んだら
少し悲しそうな顔をしました。
子どもとはいえ、やっぱり
気にしているのかな？

Change!!

かわいい、美人だね
かっこいい／素敵だね

■冗談のつもりでも…

テレビでは動作ののろい人や要領の悪い人を笑いものにする番組が横行し、お笑い芸人たちが、背の低さや顔のまずさ（？）など自分や相手の容姿を「ギャグ」として笑ってもらおうとしています。

これは今に始まったことではありません。今のママ・パパ世代が子どもだった時代にはもう、そんな風潮がありました。

だから…つい笑いをとるつもりで「チビ」「デブ」「ブス」「グズ」などと子どもの欠陥を言ってしまう人がいることも、わからないではありません。

でも、冗談のつもりで人の欠点をあげつらうのは、センスが悪いと私は思います。

■前向きな言葉で自信をつける

その場ではそれほど傷つかなくても、軽いからかいの言葉がかさなるうちに、子どもの心には「自分はデブなんだ」「チビなんだ」という認識がこびりついてしまいます。

冗談だとわかっていても、傷つかないつもりでも、いつの間にか気がつかないうちに信じ込んで、自信を失ってしまうのです。

年頃になってから「どうせデブだから化粧してもしょうがない」「チビだからオシャレな服が似合わない」なんて本人があきらめてしまったら、もったいないし、残念です。

どうせなら「かわいいね」「きれいだね」「かっこいいね」「素敵だね」と前向きな言葉で自信をつけさせてあげましょう。

☑ からかいの言葉は、心に傷を負わせてしまうことも。

かわいげがないわね

要領の悪い長男と
甘え上手な末っ子に比べて
何を考えているかわからない次男。
なんとなく子どもらしくないのです。
ある日、
「ホントにかわいげがないわね」と
ハッキリ言ってしまいました。

Change!!

あなたは面白いわね

そんな考え方もあるんだ！

■ 子どもらしさ、かわいさって？

「かわいげのある子」って、どんな子でしょうか？

性格が素直で、いつもハキハキ、叱ればシュンとし、ほめればニコニコしていて、聞き分けがいい子…そんな子が大人から見た「かわいげのある子」でしょうか。

いわゆる「かわいげのない子」は、その逆ですね。何を考えてるかわからない、すぐ泣く、すぐすねる、あるいは大人を見透かしたような言動をする…などなど。

もしかすると「かわいげがある子＝わかりやすい子」「かわいげのない子＝わかりにくい子」なのかもしれません。子どものかわいげは、大人の都合なんですね。

■ いいところを探そう

かわいげ＝大人の都合ならば、かわいげがない子は、きっと大人にわかりやすいような自己表現が下手なのです。

たまたま笑ったときに怒られてしまった、よかれと思ってしたことが裏目に出た、などの体験が心の傷になって、子どもらしい「素の自分」を出すことをためらってしまっているのかもしれません。

そんな子ほど、心の中にたくさんの「かわいらしさ」を隠しているのです。ママ・パパが意識して探し出してあげることが必要なのでしょうね。

「その子らしい、いいところを見つけたい」という気持ちで接していると、思わぬかわいげに気づけるかもしれません。

気質の違いがあるかも…？

性格は生まれ持った生理的リズム（食事やウンチのタイミング）や反応の敏感さ、活発さなどの「気質」と、後天的に与えられる「環境」とで作られます。

生まれ持った「気質」が合わないと、ペースが合わず、なんとなく「合わない」「育てにくい」と感じてしまい、それが「かわいくない」につながることがあります。

でも気質が合わない相手と、うまく付き合えないわけではありません。先ほども書いたように、性格は持って生まれた気質と、周囲からの影響でつくりあげられます。

「かわいくなくてイライラする！」と思うより「気質が違うから反応も予想外で面白い」ととらえた方が、子どもの性格もいいほうに伸びますし、ママの気持ちも楽になりますよ。

無理してかわいいと思わなくていい

かわいげがない、と子どもを憎々しく思うとき、もしかしたら「子どもはかわいいはず」という思い込みがあるのかもしれません。そして「かわいいと思えない自分」に対してちょっとイライラしているのかも。

子どもの反抗期や自分の状態（体調や気分）のせいで、一時的にかわいく思えないのは、実はよくあることです。

私も子どもに対して「かわいくない」と思ったことが何度もあります。聖人君子ではないのですから、いつも安定した広い心で愛するなんて、私には無理です。

一時的に「かわいくない」と感じたり「やっぱりかわいい」と戻ったり、感情は揺れていいんです。たいていの親は「やっぱりかわいい」という所に落ち着くはずです。それが普通の親子関係です。

■ 親としての責任を

なかには「子どもを一度もかわいいと思ったことがない」と深刻に悩む方もいます。

私は、親が子どもをかわいいと思えなくてもいい、と思っています。

でも、親としての責任は放棄してはいけません。親らしく愛情を持っているふりをしていれば、いつかはそれが本物の愛情に変わるかもしれません。愛情は感じられなくても「親切にする」ことはできるでしょう。親切に接してあげればいいと思うのです。

心の中は誰にも見えません。言葉や行動に表さなければ何をどう感じてもいいんです。「自分の子だけれど、好きになれない」と感じながらでも、見捨てずに育てる…ただ義務感や責任感からだとしても、それは、愛情の一種の形だと思います。

かわいかったり、かわいくなかったり、両方あるのが普通の子育て。

はっきり言いなさい！

NG↓

口下手で、モゴモゴしゃべる息子。性格も内気で心配です。話しているとイライラして「ハッキリ言いなさい！」と怒ってしまいます。

Change!!

OK!

うん、うん、そうなの…

■無口なのも個性のひとつ

大人でもにぎやかな人と、物静か（口下手？）な人がいます。よくしゃべる人は華やかですが、無口だからといって嫌われる…なんてことはありませんよね。

ハキハキしゃべる子と口ごもってしまう子と、どちらも個性だと受け止めてあげましょう。優劣も善し悪しもありません。

■言葉の始まりが遅いとき

赤ちゃん時代、なかなか言葉が出てこないと心配になりますよね。

うちの次女は言葉の出てくるのが遅いほうでした。1歳半を過ぎた頃になってもあまりしゃべらないので「この子は無口なんでしょうか？」と保育園の先生に聞いてみました。するとは「今は言葉を心のダムに貯めているんですよ。そのうちたくさんおしゃべりしますよ」との答えでした。

言葉の出てきにくい時期の子どもは、言葉にする前に、心にたくさんいろいろな知識や、自分なりの考えを貯めて、整理して、インプットしているのです。

表面には出ていなくても、その子の内面ではいろいろな変化があるのです。

言葉が出てこなくても、こちらの言うことにちゃんと耳を傾け、理解しているようなら心配はないそうです。先生の言うとおり、しばらくすると次女も、とてもよくしゃべるようになりました。

■ちゃんと聞いてるかな？

幼児や学童期の子どもの言葉を考えるとき、じっくり待つことが必要なのです。

子どもがモゴモゴしていると、ママ・パパ

としては待ちきれず、ついつい「それはこういうことなんでしょう?」と言いたくなりますが、じっとガマンしましょう。

子どものおしゃべりは、内容を伝えることが目的ではありません。伝えられるようになるための練習なのです。

たとえば子どもが運動会で走る50m走を親がかわりに練習しても意味がないのと同じです。子ども自身が自分の頭で、考えをまとめる練習をしなければ、きちんとした言葉は出てこないのです。

話すことも、ひとりで黙々と練習するよりも、コーチがいた方が成果が上がります。ママ・パパはおしゃべり練習の名コーチになってあげましょう。

■会話をするトレーニング

トレーニング方法は話すことですから、コーチのすることはそれを受け止めることです。さて、どんなふうに受け止めればよいのでしょうか。

言葉を受け止めるのは、相づちや表情、つまり「聞いているよ」というサインです。

以前、私はコミュニケーションを考えるセミナーのワークショップに参加したことがあります。そのワークショップでは、二人ひと組になり、片方が制限時間内に自己紹介をするというものでした。自己紹介の内容は、名前、住んでいるところ、家族構成、仕事、趣味などごくふつうのものです。

　ちょっと変わっていたのは、同じことを二度くり返すことになっていたこと。一度目は、相手は無反応を装います。どんなことを相手が話しても、相づちもうたず、目線をあわせようともしません。

　感じ悪いなあ…と思いながら、同じ自己紹介をもう一度くり返すと、二度目は、同じ相手がこちらを見て「へーそうなの」「なるほど」「うんうん、それで」と興味津々で聞き入るのです。

　二度目のほうが話しやすく、楽しい気分だったのは言うまでもありません。

　子どもにとっての話をするトレーニングは、ママ・パパにとっては話を聞くというトレーニングなのです。

　話を聞くコツは、先ほどのワークショップの二度目と同じです。話をする人の方を向いて「へーそうなの」「なるほど」「うんうん、それで」と興味津々で聞き入るだけでよいのです。

あのね……

ぼくね……

きょうね……

あそんでてね……

めざせ聞き上手!!

☑ 無口な子には、じっくり付き合ってあげましょう。

うちの子が嘘をつくようになりました。
明日の支度したの？と聞くと
やってないのに
「終わったよ」と言ったり、
自分の失敗を
「私じゃない」と言い張ったり。
嘘はきつく叱るべきでしょうか？

■人は嘘をつく

大人は嘘をつきます。ママ友に「やせたんじゃない？」上司に「その企画いいですね！」などと言いますよね。頭が痛くても子どもに笑顔で接する、というのも嘘の一種かもしれません。

いい嘘、悪い嘘の違いはあっても、嘘の全くない人生はありません。

大人は毎日嘘をついているのに、子どもには「嘘はいけない」と教えるのは矛盾しています。大人も子どもも、人間は嘘をつくことがあると思っていたほうがいいのでしょう。

■空想の嘘は楽しんで

子どもの嘘で罪のないのが空想ですね。

たとえば「昨日空を飛んだ」とか「◎◎ちゃんが魔法を使った」とかいう、空想と現実の区別があいまいな、幼い、ほほえましい嘘。2歳くらいの子によく見られます。

空想の嘘は受け入れて、一緒に想像の翼を広げて楽しみましょう。やがて「ごっこ遊び」に発展していきます。

■あわてず、さわがず、決めつけず

そのほかの嘘について考えてみましょう。

子どもが嘘をついているとわかると、私たちはつい「嘘をつくんじゃない」と責めたり「嘘はいけません」と叱ったりしがちです。

確かに「嘘はいけない」と教えることも必要ですが、感情的になって嘘を責めても、嘘はなくなりません。それどころか、次からはもっと上手に嘘をつくようになります。

あわてず、さわがず、決めつけず、まずは「どうしたの？」とやんわり聞いてあげましょう。

■嘘は愛情不足が原因？

なかには「子どもが嘘をつくのは、親の気を引きたいからだ」という人もいます。

きょうだいが生まれたとき、環境が変わったときなど、そういう場合もあるでしょう。さみしいよ、もっとこっちを見て、というサインではないか、気にかけてあげましょう。

■嘘が重なるとき

嘘をついたり、隠しごとができるというのは知能が発達している証拠です。

嘘をつけるくらいなら、いいことと悪いことの違いはわかっているはずですよね。

それでも嘘をつくとき、もしかしたら「本当のことが言えない」という状況ではないか考えてみてください。

いきなり「なんでそんな嘘をつくの」と叱られると、かたくなになってしまいます。

正直に話したせいで怒られたり、馬鹿にされたりした経験があると、子どもは「本当のことなどとても言えない」と嘘をつくようになります。

嘘が重なっても「嘘つき」と決めつけてはいけません。子どもは「そう思われているなら」と嘘つきに育ってしまいます。

■本当のことを言ってくれてありがとう

嘘をついたことを告白するってとても勇気のいることです。

本当のことを親に言えたとき、子どもはすでに反省をしています。そこへ厳しく叱ると、子どもの心を追い詰めます。

特に「叱らないから言ってごらん」と言ったときは、叱ってはいけません。信じて打ち明けた子どもは「二度と本当のことは言えない」と思い込んでしまいます。

子どもが本当のことを打ち明けてくれたときは「よく打ち明けてくれたね」「ちゃんと話してくれてうれしい」という言葉をかけてあげましょう。

その上で、都合の悪いことは隠すとよけい悪化することを伝え、もう嘘は言わないよう約束します。

たとえばこんな感じでしょうか。

「花瓶を壊したこと教えてくれてありがとう。クッションで隠したりすると、シミがついたりして大変だから、次からは隠さないでね。失敗は誰にでもあるから、失敗したことは怒らないよ。すぐ大人に教えてね」

また、子どもの前で嘘をつく必要があるときは、後で理由を説明してあげましょう。

いっしょにねるんだからね!!
ずっとここにいてよ!!
はいはい
ぽんぽん
そーゆーワケにはいきませんよー
アナタがねたらドラマみるの♡

☑ 子どもの嘘は、優しく理由を聞いてあげて。

うるさいっ!
NG↓
スーパーや路上などで
ちょっと目を離すと
走り回ったりさわいだり…。
甘やかすからだと言われて
「うるさいっ!」と
怒ったけれど、効果なし。
静かにさせるコツを教えて〜
Change!!
OK!
なあに?　どうしたの?

■普段から、静かに会話を

子どもの声が「騒音だ」というクレームで、保育園が作れないというニュースがありました。元気なのはいいけれど、うるさいのは迷惑、困りますよね。

子どもが大きな声を出すと、親としては、ついもっと大きな声で叱りたくなります。

子どもの声よりさらに大きな声で威圧して、無理に思い通りにしたくなるんですよね。「うるさーい!」と怒鳴るお母さんの声のほうがうるさい、そんな親子連れを見たことがあります（嘘です。本当は私です）

でも、親が大きい声を出すとたいてい逆効果になって、どんどんエスカレートしてしまいますよね。

大声に大声が重なってしまいそうなときは、どうしたらいいんでしょう?

うちの娘たちの保育園の先生によると、逆に、トーンを方向転換してみるといいそうです。

普段から穏やかに、無駄に興奮させないように接する…難しいことですが、できるだけ心がけたいですよね。

■騒ぐのは注目して欲しいから

来賓の邪魔をしたり、奇抜な衣装で大騒ぎをしたり…毎年のように成人式が話題になりますね。

あるコメンテーターが「注目して欲しくて騒ぐのは実に子どもっぽい」と評していました。

まさにその通り。子どもが騒ぐのは、もっと自分に注目して欲しいからなのですよね。大きな声をあげて「自分を見て!」と、要求しているのです。

ですから…騒ぐのをやめさせるには、注目

してあげればいいのです。子どもの目の高さまで降りて、静かに「なあに？」「どうしたの？」と聞いてみましょう。

子どもだって、自分の言い分を聞いてもらえるとわかると、騒ぐのをやめます（話を聞くのと子どもの要求を全部受け入れるのとは、また別の話です）。

■耳に注意を向けてみては？

騒ぎながら耳をすますことはできませんから「耳」に意識を向けさせるのもいい方法かもしれません。

「ちょっと耳をすましてみて」と小声で声をかけると、一瞬、静かにできます。

そのあとずっと静かにしていられるといいのですが…ボリュームを落とす「きっかけ」にできるかもしれませんよ。

うちではよく「床下の妖精さんの話し声が聞こえる」「あっ天井裏でリスが鳴いたよ」などと言っていました。実在してもしなくても、自分より小さくてかわいいものの存在を想像するだけで、少し静かにできました。

■子どもが泣きわめいているとき

きちんと話を聞けば静かにできる、でも、感極まってギャン泣きが爆発しているとき、子どもと話し合おうとしても無駄です。

大人同士ですら感情的になっているときは会話が成立しないのですから、子ども相手ならなおさらです。

さあ、どうしたらいいでしょう？

わが家の次女が2歳くらいのあるとき、あまりにひどく泣きわめくので、いっそ、その姿を記録しておこうと「お写真とるよー」とカメラを向けたことがありました。すると次女は「やめてよぉ」と泣くのをやめたのです。

次女が泣きやんだのは、カメラを向けられて気分が変わった、というのもありますが…それ以上に、次女自身がカメラに写る自分の姿を想像し、ふと冷静になったせいではないかと、私は密かに思っています。

■タイムアウトを取ろう

少々ならリカバーできるとはいえ、やはりマイナス感情を暴発させずにすめば、その方が良いに決まっています。

多くの育児書に紹介されているのが「タイムアウト」という方法。

怒りは瞬間という話。怒りにまかせてマイナス感情が暴発しそうになったら、ぶつける前にサッと子どもから離れるのです。

その場で深呼吸をする、ゆっくり数を数える、台所で水を飲む、急いで別室に逃げ出す、しばらくひとりの時間を作る…など、方法はいろいろですが、とにかく一瞬でも冷却期間をおいて、冷静になりましょう。

こっちを見て、のサインかも。じっくり見つめてあげて。

お兄ちゃんはできるのに…

しっかり者のお兄ちゃんに比べて、
マイペースなところがある下の子。
比べてはいけないと思っていても
「お兄ちゃんはできるのに、
なんで、あなたはできないの！」と
つい怒ってしまいます。
どうしてきょうだいなのに違うの？

Change!!

キミはこれができていいわね

あなたはこういうのが得意なのね

■きょうだいの性格は作られる?

その人が何人きょうだいの何番目に生まれたか（出生順位）が、性格形成に影響するという研究があるそうです。

はじめての妊娠出産で、戸惑いながら子育てをする長男長女の場合は、親もはじめての経験ばかりで完璧主義になってしまいがち。だから、上の子は神経質に育ちやすく、上の子でひととおり経験してから生まれる下の子は、親も余裕を持って接するため、下の子はのびのび、という傾向があるそうです（あくまでも傾向で個人差はあります）。

さらに、親は同じように接しているつもりでも、接し方が微妙に変わってしまうこともあります。上の子は下の子の面倒を見るべき、という感覚がいつの間にか身についていたり…（上の子を頼りにするのは、度を超さない限り悪いことではありません）。

期待されるため、上の子は「しっかりしなきゃ」「妹の面倒を見なきゃ」と意識させられることが多いのです。

■比べることに意味はない

育てられ方が違うので、性格が違ってしまうのは当たり前。性格が違えば、得意なことや苦手なことも違うのです。

きょうだい育ては、ひとりひとりの個性を認め違いを楽しむ、というつもりで接するのがいいのだろうと思います。

✓ きょうだいは、比べず個性を認めて。

男(女)の子だったら
よかったのに

女の子にしては活発すぎる長女と
男の子にしては優しすぎる長男。
それぞれ、いい子ではあるのですが
性別が逆だったらいいのに。
「男だったらよかったのに」
「女に生まれたら良かったね」
と、言ってしまうことがあります。

Change!!

あなたらしくていいと思うよ

■平等だけど違いはある

「女の子らしく静かにしなさい」「男の子だから泣くな」など性別によって期待される行動がありますね。

性別にこだわらないでいるつもりですが、娘がおしゃれをしたりすると「女の子はかわいいなあ」と思ったりもします。男女の権利は平等でも、まったく同じというわけにはいかないのが現実です。

悪気はなくても「もっと活躍してほしい」という気持ちで「あなたが男の子だったら」と言ったり、高い「女子力」を見込んで「女の子だったら」という言葉が出てくることもあるかもしれませんね。

■自分は、自分で良かったのかな?

男と女、どちらかがすぐれている、ということはありませんが「おまえが男だったらな…」と言われ続けた女の子は、心の底で「自分が女の子に生まれたことで親をガッカリさせた」と感じてしまいます。

これが、いつのまにか「生まれた自分が悪い」「自分は生まれてこなければ良かった」と思う原因になってしまうことがあるのです（「おまえが女の子だったら…」と言われ続けた男の子も同じです）。

また、ほめているつもりの「女の子なのにすごいね」という言葉にも要注意。「男の子だったら当然のことを（劣った）女の子なのにできる」という裏メッセージがあり「女の子である自分は本来、男の子より劣っているんだ」という意味に感じてしまうのです。

■男(女)らしさより、自分らしさ

性別についてはさまざまな考え方がありま

すが、励ますつもりで「男の子でしょ！」「おしとやかになってほしくて「女の子らしくしなさい」などと言ってしまうのはどうでしょうか。

誰にだって性差にはまりきらない個性があります。「男だから」「女だから」なんて固定観念でその子の可能性を狭めるのは、もったいないし、つまらないと私は思います。

自分の子どもに幸せになって欲しい、という願いは親なら誰もが抱いているでしょう。幸せを感じる心の土台となるのは自己肯定感です。

自己肯定感を育てるには、狭い常識でとらえる「男らしさ」「女らしさ」ではなく、その子が本来持っている「その子らしさ」を認めることが必要ではないでしょうか。

■性同一性障害だったら？

「うちの子、他の子とちょっと違う、もしかして…」と考えるママ・パパもいるでしょう。

性同一性障害は「生まれ持った身体の性と心の性との不一致」と言われています。病気や障害ととらえる人もいます。

人の性別は母親の胎内にいる間に決まります。ホルモンのちょっとした具合でどちらかに傾くといった不安定なものです。ミスマッチなら性別は自分で変えてもいいのだと私は思っています。

しかし、もしも自分の子がそうであったら…心配する気持ちはわかります。

世の中は偏見であふれています。ことさらに嫌ったり、あからさまに差別する人もいます。学校や社会で、これから本人が受けるであろう仕打ちを思って心を痛めるのは、親として当然でしょう。体調は大丈夫だろうかとか、傷ついて涙していないかとか、いろいろ…想像するだけで心配になりますよね。

だから認めたくない、という方向に傾くこともあるでしょう。でも、親が自分の子どもを拒否しなくてもいい、と思います。

子どもが悩みをうちあけてきたら、どんなことでも真剣に受けとめる、子どもの幸せを考えて、温かく見守る…そんな親としてあたりまえの態度を貫けばいいのだと思っています。

大切なのは、子どもが「自分らしい人生」を歩むことです。

✓「男らしさ」「女らしさ」より「その子らしさ」を大切に。

みんなと仲良くしなきゃダメじゃない
NG↓
内気なところのある娘はお友達が2～3人しかいません。もっと積極的にたくさんのお友達を作って世界をひろげて欲しいと思い「みんなと仲良くしなさい」と言うのですが…
Change!!
OK!
仲良しがいていいね
苦手な子にもきっといいところがあるよ

■大人だって苦手な人はいる

お友達たくさん、みんな仲良し…というのは理想ですね。

でも「みんな」ってとても難しいのです。ママだって、今までの人生で会った人の中には苦手な人の一人や二人はいたでしょう。

お友達と遊べるのなら心配せずに「仲良しがいていいね」と現状を肯定して、お子さんを優しく見守りましょう。

■コミュニケーションを練習しよう

なかには「お友達と仲良くしたいけれど、引っ込み思案で」という子もいますよね。

昔は近所の子どもとの遊びのなかで、自然に他人との接し方を学んできましたが、現在はそんな経験を積める環境が減っています。

意識して練習をさせてみるのはどうでしょう。

同じ年の子とのコミュニケーションが難しそうなら、面倒見のいい2～3歳年上の子と遊ばせたり、2～3歳年下の子の面倒を見てもらったり、異年齢のふれあいのほうがハードルは低いかもしれません。

ママ・パパの人付き合いのスタンスも子どもに影響します。社交的で友達の多いママ・パパは、ぜひお手本を見せてあげましょう。

人と接するのがあまり得意でなくても、笑顔で聞き役に回るなど、臆せず人と接する姿を見せていれば、人と仲良くする方法を自分なりに考えてくれるでしょう。

■プレッシャーをかけないで

多くの子は「みんなと仲良くしたい」と努

力をしています。

でも「みんな」と仲良くするって大変ですよね。八方美人でいなければ、みんなと仲良くするなんてできません。


たとえば子どもが「仲良くできない子がいる」「いじわるしてくる子がいる」と悩んでいるとき、どう言ってあげますか?


「いいところを探してみよう」「相手の事情も想像しよう」というアドバイスで思いやりの気持ちを持たせることも大事ですね。

しかしそれも程度問題です。あまりに「どんな子とも仲良く」とプレッシャーかけられると、自分自身の気持ちを押し殺してガマンしたり「みんなと仲良くできない自分はダメだ」と自己評価が下がってしまいます。

歩み寄る努力はしたほうがいいのですが、同時に「いろんな子がいるよね」と客観的な見かたを教えてあげるのもいいでしょう。

「自分の意思を殺しても絶対に仲良くしなきゃいけない」という呪縛がとけて、気が楽になることもあるのです。

■ひとり行動も悪くない

どうも日本人はひとりで行動することにマイナスイメージを持っているようです。

じっくり物事を考えるのが好きだったり、自分のペースを大切にしたいタイプだったり、ひとりで行動する方が向いている子もいます。

ひとりでも本人が楽しく過ごせるようなら、ば強制しなくてもいいかもしれません。

もしかしたら「学校」「園」など「外の世界」での対人ストレスをほぐすためにひとりの時間が必要ということもあるでしょう。

人付き合いのスタンスは人それぞれ。互い

の距離の取り方を尊重しながら「自分は自分」でいいと思うのです。

■自分を大切に

最近「自分を使い分ける」テクニックを使っている人が多いように感じます。

たとえば上司の前では大人しいキャラ、仲間内では陽気なヤツ…と、自分を演じ分け、対人関係の摩擦を避けているのです。

自分を演じ分ければ、誰とでも仲良くできます。

でも、空しさがいつもつきまとうのです。

誰に対しても「見せたい自分」「その人にウケそうな自分」を演じて接していると「本当の自分」は誰にも受け入れられないのでは…と不安になってしまうのです。

「みんなと仲良くしなければ」というプレッシャーのせいで「みんな」を前に自分を見失ってしまう…なんて、つまらないことです。

人が一番仲良くすべきは「自分自身」なのですから。

☑すべての人と仲良くする必要はない。

うちの子どもたちは年齢が近いせいか
すぐにケンカをはじめてしまいます。
ケンカ両成敗だと思い
「ふたりとも悪い子！」と叱って
強制的に終わりにするのですが
なんだかしっくり来ません。
いい言葉はありませんか？

■ケンカは人間関係のトレーニング

ケンカはやめて欲しい…そう思うのは、私たちが大人だからです。

子どもは、友達とのケンカ、言い合い、いざこざを通してさまざまなことを学びます。「こう言われたら悲しかった」「こんなことされたらイヤだ」など、身をもって体験することで、自分の気持ちや言葉をコントロールする技術を身につけたり、相手の気持ちを想像できるようになっていきます。

きょうだいでもお友達でも、安心してケンカできるのはお互いに心を許しているから。

「ケンカするほど仲がいい」と言いますが、安心してケンカできる相手に恵まれたのは、子どもにとって、幸せなことなのです。

■仲裁は聞き役に徹して

子ども同士でのケンカはあわてて止めなくてもいいとはいえ、泣いたり、叩いたりとエスカレートしたら、止めてあげましょう。

でも「ふたりとも悪い子！」と上からガツンと押さえ込んでは、せっかくケンカで学んだことが、ぱっと消えてしまいます。

「叩いちゃだめ」「引っかいたら痛いでしょう」と暴力はいけないことをしっかりと伝えたうえで、それぞれに「どうしたの？」と聞きましょう。

どちらが悪いか大人の知恵で判断したり、事実をまとめたりせずに、子どもが自分の言葉で話すのを「うんうん」「そうなの」と聞くだけにとどめましょう。

仲良しとのケンカは社会性を身につけるレッスン。

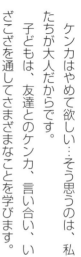

将来どんな仕事についても
誰にも負けない人になって欲しいと
いつも「1番になりなさい」と
口癖のように言ってきました。
子どもは期待通りがんばっていますが
最近時々「疲れた」と言います。
このまま突き進んで大丈夫？

■2番手では意味がない？

「日本で2番目に高い山は？」

1番にならなきゃダメと信じている方にこう聞かれました。1番目はほぼ全員が「富士山」と答えられるでしょう。でも2番目、3番目に高い山は即答できる人は少ない（※）。だから1番以外は意味がないんですよ、とおっしゃっていました。

価値観は人それぞれですが、1番かそれ以外か、の二択でしかないのは少し寂しいような気がしています。白と黒の間にグレーもあるし、違う場所を見れば赤や青など他の色もあります。豊かな可能性を切り捨てているように思えるのです。

■子どもを追い詰めないで

「1番になりなさい」といつも言われていた子どもは「1番じゃなければ価値がない」と考えてしまいます。

ふつうの子はどんなにがんばっても常に1番でいられることはできません。「努力をしても1番になれない自分はダメなヤツなんだ」と思いこんでしまいます。

たまたま優秀で、1番になれる能力のある子なら、がんばって学生時代は1番をキープできるかもしれません。でも、いつかは1番から転落します。

そんな子は自分自身そのものよりも、自分が1番だということを自分の価値だと思っているため、1番から転落したときに、簡単には立ち直れないほどの傷を負ってしまいます。自分の存在理由が揺らいでしまうのです。

■競争はなんのためにあるの？

かけっこをすれば速い遅いがありますし、テストは点数で順位が決まります。競争があるのはしょうがないこと。普段の生活で子どもは競争にさらされていると言えるでしょう。今に始まったことではなく、ママ・パパの時代もそうでしたよね。

むやみに競争させたり、順位にこだわるのはよくありませんが、ほどほどの競争はあったほうがいいと私は思います。

ほどよい競争には3つの利点があります。

1つめは競争をすることで努力の大切さを学ぶこと。人間はもともと競争が好きです。勝った負けたという単純なものだけでなく、格付けやランキングには興味を引かれますし、自分が競争に参加すれば「勝ちたい」と思い、勝つために努力もします。

2つめは、多くの競争体験を通してその子の個性や適性が見えてくるということ。勝ったり負けたり、その成果によって「これは向いている」「向いていない」と自分の適性を見極めることができるのですよね。

そして競争の利点の3つめは、負けることで打たれ強くなるということです。

■負けることにも価値がある

競争に負けるという体験も大切です。今の若い人は「打たれ弱い」と言われています。大人でもちょっと注意されただけで会社に来なくなってしまう人が珍しくありません。

柔道では、投げられてもケガをしないように、まず受身から徹底的に練習するそうです。勉強でもスポーツでも、子どもの頃から適度な競争体験をさせて、心に受身をしっかり覚えさせてあげるのがいいのです。

どんな子だってママ・パパにとっては1番いとおしい存在なのですから。

※北岳（3193m）、奥穂高岳（3190m）。

■競争ばかりでは幸せにはなれない

競争することが好きな性格は決して悪くはありません。ただ、競争に勝つことと、幸せになることはまったく別のことだ、ということを忘れないでください。

ひとりで勝利をいくら積み上げても、幸せになることはできません。人間の幸せは喜びを人と分かち合うことにあります。

勝つことも負けることも、勝負を避けることもあるのが人生です。ママ・パパが結果にこだわってもしょうがありません。

「1番になりなさい」とプレッシャーをかけるのではなく、子どもががんばったという事実をしっかり認めて、ほめましょう。

☑ 1番を目指すのはいいことですが、
1番にこだわらなくてもいいのでは。

忙しいからあとで！
NG↓
掃除をしているとき、
料理をしているとき、
「ねーねー」「ママ、ママ！」と
うるさく話しかけてくる子ども。
良くないなあと思いつつ
ついつい「忙しいからあとで！」
と言ってしまいます。
Change!!
OK!
なあに？
今◎◎しているから、10分後に聞くよ

■なぜ忙しいときに限って？

なぜ忙しいときに限って、子どもは「ママあのね！」と話しかけてくるのでしょう？

これは子どもがタイミングを見ていないからではありません。逆です。「ママは忙しそう…ボクを忘れてしまったのかな…お願いこっち向いて！」そんな不安な気持ちになるから、忙しいときに限って「ねえねえ」「ママ、ママ！」と話しかけてくるのです。

「その場で手を休めて『なあに？』と聞いてあげてください」と育児書には書いてあります。それがベストです。できれば、そうしてあげたいですね。

■「あとで」はホントは言ってもいい？

でも、それができないから悩むのですよね。ふつうに生活をしていたら「あとで」を言わなければならない局面が多々あります。

たとえば、家で仕事をしているママ・パパに子どもが話しかけて、その都度仕事の手を止めていたら困ってしまいます。

家事や仕事など、大人には義務が多くあります。子どもにペースを合わせていては、日常生活が回っていきません。

「つい『あとで』って言っちゃうんですよね…」と、あるときベテラン保育士さんに相談

してみました。

　すると彼女は「ママにちゃんと約束を守る覚悟があるなら、『あとで』は言ってもいいんじゃない?」と言いました。

「今は揚げ物をしているから、あとでお話を聞くね」など、子どもに理由を説明をすれば、子どもは「あとでちゃんと聞いてもらえるんだ」と納得してくれます。そして、用事が終わったあとで「さっきのお話なあに?」と、向かいあえば、約束は守られたことになり、子どもは「自分の言ったことは聞いてもらえる」と安心感を得られます。できるだけ早く、その日のうちに「お話はなあに?」と聞いておきましょう。

■約束を守ってもらえずにいると

「あとで」という言葉が怖いのは、それが守らないといけない「約束」だとママ・パパが気づいていない場合です。

　大人は子どもとの間の約束は軽く考え「あとで」と言ったことも忘れがちです。

　でも子どもの側からすればどうでしょう。

　自分に置きかえて考えてみてください。たとえ小さな約束でも、後回しにされたあげくに、忘れられてしまったとしたら?

　相手のことが信用できなくなりますよね。

　子どもだって同じです。約束を勝手に破棄され、親に何度も裏切らた子どもは、もう「あとで」を信用することはできません。


　先送りの罪はけっこう恐ろしいのです。

「あとで」を軽く使っていると、やがて子どもの心にママ・パパへの不信感が芽生えてしまいます。そしてさらに「約束は破っていい」と思いこんでしまう…そうなると中高生の頃には親の言うことなど聞く耳持ちませんし、いずれは社会のルールを守れない大人へとつながってしまう恐れがあるのです。

子ども自身も忘れているかもしれませんが、それでも誠実さは伝わります。

■ママ・パパが誠実ならば

将来の苦労を考えると、その場で手を止めて聞いてあげたほうが、はるかに楽なのかもしれません。

「あとで」は、子どもが相手でも誠実に向き合う覚悟のママ・パパにしか、本来は使えない言葉なのです。

約束を絶対に守るという覚悟がないならば「あとで」は言うべきではないと思います。

もしも、あなたが「あとで」を乱用して、子どもとの約束を破っていたら…自分の手が空いたらすぐに聞いてあげましょう。

子育てに手遅れはありません。気づいたらすぐ「ごめんなさい。忘れていたけど、あのお話はなんだったの?」と聞いてみましょう。

✔ ゆっくり話を聞く「あとで」をちゃんと作りましょう。

ピアノの練習をさぼりがちな娘に
「あなたのためになるのだから、
ちゃんと練習しなさい」
と言っても聞いてくれません。
自分のためになることなので
しっかり続けて欲しいのですが。
どう言ったら伝わりますか？

■自分のためだとわかっていない？

高価な塾、家庭教師、教材、めったにない貴重な体験、せっかく親が子どものために苦労して与えてあげているのに「ありがとう」も言わず無駄にしてしまう子ども。「親の心子知らず」と言いますが、もったいなくて怒りがこみ上げる気持ち、わかります。

でもこれは、仕方がないと思うのです。

親はこれまでの人生経験があるから、大きな視点で考え、子どもの将来に役に立つものがわかります。

でも子どもにはわかりません。だから面白くないものには興味が持てません。

そのため「あなたのため」と言われても、親の押しつけと感じてしまいます。

子どもの立場からすると「別に頼んだわけじゃないよ」という感覚なのでしょう。

■本当にためになるのか

たとえば、好みと違う、サイズも合わない洋服を「あなたのために」とプレゼントされても処分に困るだけです。

「あなたのため」という言葉は「余計なお世話」なのです。

子どもに使うとき、あなたは自分で自分に必要なものがわからないから用意してあげる、というメッセージを含んでいます。

「子どもの意見を聞かない」という宣言であると同時に「黙って従いなさい」という命令です。

「あなたのためだから」と押しつけて強制すれば子どもは反発します。

「せっかく用意したのに（あなたに拒否されたら傷つく）」と脅せば、子どもは自分で判断することをやめ、与えられたことしかできなくなってしまいます。

でも…芸能や音楽など、幼いうちに身につけておいたほうがいいことはあります。しっかりとした見通しがあるならば「あなたのためだから」は絶対にダメとは言えません。

しかし価値観の押しつけですから、思春期には大きな反動があるでしょう。反抗して荒れたり、問題行動をおこす恐れもあります。

そんな子どもの気持ちごと受け止める覚悟があるならば、やがて「本当に自分のためだったんだ」と子どももわかってくれる時がくるかもしれません。

■「あなたのため」は誰のため？

それにしても、親が子どものためを思って言うのは、あたりまえのことです。それをわざわざ「あなたのため」と口に出すのは、なぜでしょう？

「あなたのため」と言う人は、子どものためだと思い込んでいるのでしょう。でも心の底ではそうでないことに、うすうす気づいている、だから念押しをしたくなるのだろうと思うのです。

つい「あなたのためを思って言っているのよ」と念押ししてしまうときは「ホントにそうかな？　子どものためではなく、自分のためではないかな？」とぜひ一度、自問自答してみてください。

たとえば、例にあげたママは、もしかしたら自分自身がピアノを習っていたころに、思うように練習できなかったイライラ（さぼってしまった自分への自己嫌悪も含めて）が心の中に積み重なっているのかもしれません。

そのイライラを解消するために「あなたのため」と言い訳をしながら、子どもにぶつけてしまっている可能性があります。

これでは、子どものために叱っていることになりません。叱っているつもりで怒りをぶつけるのは、ただ怒るよりも、子どもに悪い影響を及ぼします。

いっそ「お母さんは怒ってるんだから！」「ママは悲しい」とストレートに感情をぶつけたほうが、子どもとしては、すっきり受け止めやすいのです。


どんなにいいものでも、本人が欲しがらないものはいらないものです。

「あなたのため」の前に、子どもが何を考え、何を望んでいるのか、よく見て、聞いて、考えることが大切なんだろうと思います。

☑ どんなにいいものでも、押しつけられるとストレスに。

短気で、計画性がなくて、
だらしがなくて怒りん坊なうちの子。
「まったく誰に似たのかしら？」と
子どもを責めてしまうことがあります。
でも、胸に手を当てて考えてみると、
すべてが自分や夫の短所なのです…
どうして悪いところが気になるの？

■嫌なところばかり気になるもの

子どもの短所が気にかかってしょうがないのは、誰にでもあること。

実際に悪いところばかり受け継いでいるかどうかはともかく、なぜか子どもは、ママ・パパの嫌なところばかり受け継いでいるように見えてしまうことがありますよね。

「せめて長所が似てくれればいいのに」と私も自分の子どもを見て思います。

短所ばかりが目についてしまうのはなぜでしょうか。私は心理学でいう「自己投影」という働きではないかと思います。

人は相手に、自分の中にある未解決問題を発見すると、それを攻撃してしまうことがあります。攻撃することで自分の心から目をそらし、問題が未解決であるという事実を思い出さないように、心を守っているのです。

子どもの欠点が気になってしょうがないのは、子どもの問題ではなく、ママ・パパ自身の心の問題です。自分の未解決課題を子どもの中に見つけてしまうからなのです。

■子育ては自分育てのチャンス

私は「子育ては自分育て」という言葉は好きではありません。子育ては子育てです。

でも子育てを通して、自分の中に残っている「育ちきれなかった子どもの部分」を育て直すことはできると思います。

育て直すって、なんだか大変なようですが「悪いところを直せ」ではなく「そんな個性もかわいい」と認めてあげること、つまり自分を受け入れる練習です。

私たちは、自分の欠点を「直さなきゃ」と焦ったり「欠点がある自分はダメだ」と悲観したり、自分で自分を追い詰めがちです。

でも、そんなことしなくていいんです。

■完璧な人間でなくてもいい

自分がまだ克服できないでいる欠点を、子どもには克服して欲しい。自分が抱いたような劣等感を、我が子には味わって欲しくない…そう思うのは親として自然な感情です。

でもちょっと待ってください。

欠点をすべて克服するなんて無理ですよね。だったら「欠点は全部克服しなければいけない」という考え方を手放しませんか。

人は長所で尊敬され、欠点で愛されるのだそうですよ。

この世には完璧な人間なんて存在しません。ママもパパも、子どもも、誰にも必ず欠点があります。それでも「それでいい」「そこがいい」と言ってくれる人がいるからこそ、今のあなたがいるはずです。

■いっそ、認めてしまおう

わかっているつもりでも、つい過剰に反応して叱りすぎてしまうことがあります。

叱りすぎると、落ち込みますよね。

私は子どもが泣くまで叱ったあとに「なんで感情を爆発させてしまったんだろう」と自分も泣いてしまうことが何度もありました。

そんなときに、使える魔法の言葉をひとつご紹介しましょう。

それは「私にそっくり」です。

子どもは「自分が悪いのではなく当たり散らされていただけ」とわかるため、あまり傷つかずにいられるようです。

子どもの欠点を「自分にそっくりだから、つい叱り過ぎちゃった」と認めるのはとても難しく、勇気のいることです。

でも、子どもを傷つけないためにという口実があれば、言えるでしょう。言葉だけでも、認めることは、自分の欠点を許すための第一歩になります。

子どもは親が抱えるコンプレックスを「それでも愛せるでしょ?」と見せてくれる、鏡のような存在なのかもしれません。

親子の愛は無償の愛といいますが、親から子よりも、子から親への愛の方が、大きく、無償なんだろうと思うのです。

✓ もちろん子どもはママ・パパ似です。
自分にも子どもにも完璧は求めないで。

お父さんみたいには　ならないで

NG↓

子どもができる前の夫は
優しい人だったのに、
今では仕事のフリをして
友達と飲みに出かけてしまったり。
子育てにあまりに無関心なので
「お父さんみたいにはならないで…」と
つい息子に言ってしまいます。

Change!!

OK!

お父さんのおかげだね

パパはキミのことが大好きなんだよ

■両親の不仲に傷つくのは子ども

「ママがパパとリコンできないのは、ボクがいるせいなんだ…ボクがいるから悪いんだ」

ある日、テレビドラマを見ていたら子役が泣きながら言いました。これはドラマでしたが、現実でも、夫婦のすれ違いに、ママ・パパ以上に心を痛めるのが子どもです。

嫌いで結婚したわけではないのに、夫婦というものは、いつの間にかすれ違ってしまうことがあります。

生活ですから、恋人同士みたいに「好き」だけではいられません。「もう別れよう」と思ったり「やっぱりもう少しがんばってみよう」と考え直したりしながら、お互いを認め、許しあい、歩み寄りつつ「家族」を続けていくのが「夫婦」ではないでしょうか。

■日本のパパの育児時間は少ない

日本のパパは欧米のパパに比べて、仕事中心で、家庭や子育てに関わる時間が少ないと言われています。

広告業界で働く知人の男性から「たまの休みに子どもと遊ぼうとしても、人見知りしてなついてくれないんだよ」というぼやきを聞いたことがあります。

彼は「パパ、次はいつお家にくるの？」と子どもに聞かれ、一時は本気で転職を考えたそうです。

サービス残業や休日出勤、長時間労働があたりまえの業界・会社もまだ多くあります。経済的に家族を支えるために、家族とのふれあい時間を削って仕事優先にしなければいけない。つらいけど自分ががまんしなければ…そう思っているパパもいるでしょう。

■パパに罪の意識はないのかも

よく言われるのが「女性は子どもが生まれ

る前から母親で、男性は子どもが生まれてから父親になる」ということ。

お腹にいるときから「子どもがいる」と体感できる女性とくらべ、抱っこしたときにはじめて「親になったんだ」と思う男性のほうが、親としての自覚を持ちにくいのです。

パパに、あまり父親としての意識が感じられないようなら、子育てと同時進行で「パパ育て」も考えましょう。パパは親としての自覚がまだ足りないだけで、子育てをママひとりに押しつけているなんて、全く意識していない可能性があるのです。

育児を一緒に分かち合う仲間になろうと、パパを誘ってあげるのです。

■パパを育児に誘うテクニック

「パパ育て」の第一歩は「一緒に育てよう」という姿勢をアピールすること。そのためには日頃から、子どものかわいさや育児の楽しさをパパに伝えましょう。

「今日あの子がこんなこと言ったのよ」など話したり、子どもの家での様子をムービーで撮っておいたり、メールなどで子どもの写真を送ったり…いろいろな伝え方があります。

あまり幸せ感を演出してしまうと、パパは「妻は子育てで満ち足りているんだ…」とますます家庭を顧みなくなる可能性があります。「あなたがいたらもっと楽しいのに…」というスタンスを保つことがポイントです。

男性は自分が必要とされることに生き甲斐を見いだす生きものです。「パパなら上手にできると思うんだけど」と持ち上げながら話すのも効果的です。

それともうひとつ、子どもに対しても根回しをしておくことも大切です。折にふれて「パパは君たちのことが大好きなんだよ」「みんなのためにがんばって働いてくれているんだよ」と話しておきましょう。

■不満は発散して

お互いに不満のない夫婦はありません。知らない人間同士がひとつの家庭を作るのですから、すれ違いや不満はないほうがおかしい。

女性のストレス解消法として、一番多いのが「おしゃべり」だそうです。「聞いてよ、うちの夫ったら」「あるある」と本音トークのできる友達がいるならば、たくさんおしゃべりしてスッキリしましょう。

注意したいのは、それを子どもに聞かせないこと。

ちょっと愚痴ったつもりでいても、子どもからすればショックな出来事です。

大人の話を真に受けて「パパはひどい人なんだ」「ママは本当に離婚したいんだ」と小さな心を痛めてしまう可能性があります。

☑ グチは友人に。子どもの前ではパパを持ち上げよう。

親の言うことを黙って聞け

うちの子は小さなことでも
自分で決めたがり
自分の意見を主張します。
あまりにウルサイので
「親の言うことを黙って聞きなさい！」
と頭ごなしに決めつけてしまいますが
他に言い方はないものでしょうか。

Change!!

あなたはそう思うのね。
でもうちの方針は◎◎です

■うまくいっているから不満が言える

いちいち意見を主張されるのはわずらわしいですよね。

でも、子どもが自分の意見を言えるということは、不満を口に出せる健全な関係だという証拠でもあるのです。

子どもが親の顔色をうかがっているような状態では、とても自分の意見など言えません。自分の言葉を親はちゃんと受け止めてくれるという信頼感があるから、子どもは安心して自己主張ができるのです。

自由に言いあえる雰囲気の家庭で、自分の意見がある子に育っているなんて、素晴らしいことだと思います。

■平行線でも認めてあげて

だから「黙って聞きなさい！」などと切り捨てず、子どもの言い分も聞いたうえで、ママ・パパの考えや、家庭の事情を説明して欲しいのです。

その際、あらかじめ「わが家の方針」を決めておくことをおすすめします。

「あなたはそう思うのね、でもうちの方針は◎◎です」と筋を通しましょう。

また、時には失敗するとわかっていても、子どもの思うとおりにさせるのも必要です。

失敗してはじめて「どうすれば成功するか」を考えることにつながりますし「ママたちの言うことも一理あるかも」と耳を傾けるキッカケになるかもしれません。

生意気な言葉が出るのは、信頼されている証拠です。

運のない私、出かけようとすれば雨…
つい「雨ばっかりでイヤね」と
子どもにグチをこぼしてしまいます。
もっと前向きな言葉を
掛けてあげた方がいいのだろうけど
嘘をついているようで
うしろめたい気持ちになります。

■考えたことが言葉になる

この本は、ママ・パパから子どもへの言葉かけの本ですが、この章ではとくに「考え方」について多く書いています。なぜなら、考えることと言葉とは密接な関係があるから。

物事には、良い面と悪い面、最低でもこのふたつがあります。悪い面ばかりを見ていると、心がどんどん暗く小さくしぼんで、言葉もワンパターンでつまらないものになりがち。逆に良い面を探していくと、心は少しずつ柔軟になり、のびのびと広がっていきます。物事の両面に気づく視点を養って欲しいのです。

イヤなこと、辛いことに出逢ったときは、考え方を明るく変えるチャンスです。

■明るい方を見ていこう

「◎◎だからイヤね」を「◎◎だからよかった！」と明るいほうへ変えてみましょう。

たとえば「雨ばっかりでイヤね」を「雨で庭の草が喜んでいる」「雨だから子どもとじっくりお絵かきができて楽しい」「雨の中のお出かけで、子どもが傘を差して歩く練習ができた！」など、多少強引でもかまいません。わざと視点をずらして楽しい見方を探してみましょう。

普段から「別の見方はないかな？」と心がけることで、ママ・パパの心の世界が広がり、子どものいいところも見つけやすくなります。そうすれば、子育てに少し余裕が生まれるはずです。

✔ 考え方を変えて楽しく生きよう。

なんでそんな性格なの？
NG↓
お友達をうらやんだり
独占欲が強かったり
すぐに泣いたり…
とてもマイナス志向な息子。
この性格のせいで
将来苦労するんじゃないかと
心配になってしまいます。
Change!!
OK!
考えようではいい性格だわ

■性格が悪いと決めつけると

性格は、その人らしい行動や考え方の傾向のことをいいます。

ポジティブ／ネガティブ、外交的／内向的、理論的／直感的など…さまざまな物差しがありますね。

うちの子は性格が悪い、暗い、よくない、難がある…と決めつけると子ども自身も「自分は性格が悪い」と思い込んでしまいます。

そうすると自己評価が下がり、どんどんひねくれてしまいます。

■人の性格は表裏一体

すべての物事には多面的な性質がありま す。どんなことでも、とらえようによって少なくとも、裏と表があります。

別の見方を考えてみませんか?

表から見るとマイナスでも、裏から見るとプラスだった、ということもあるのです。

たとえば「お調子者」といえば欠点ですが「みんなを楽しませるのが好き」といえば素晴らしい長所です。「引っ込み思案」は「じっくり考えることができる」「慎重」と言いかえれば素晴らしい長所です。

ネガティブ…つまり、マイナス面にフォーカスした意地悪なものの見方は誰にでもできます。だから、それは世間に任せておけばいいのです。

「何があっても自分の味方になってくれる」のは親以外にありません。子どもの性格を前向きに受け止めてあげましょう。

たとえば、こんなふうに変換できます。

・すぐ泣く↓感受性が豊か
・友達をうらやむ↓向上心がある
・独占欲が強い↓粘り強い
・自分勝手↓たくましい
・自己中心的↓無邪気
・乱暴↓活発、元気いっぱい
・幼い↓純粋、素直
・おおざっぱ↓おおらか
・うるさい↓活発、にぎやか

■自分と違うから気になるのでは

ママ・パパが活動的でおしゃべりなタイプで、子どもが物静かで慎重な場合「さっさとしなさい」「はっきりしてよ」とイライラすることがあるでしょう。

逆に子どもは活発に動き回るタイプで、親は落ち着いた性格の場合「なんでこんなにうるさいの？」と頭を抱えることがあるかもしれません。

自分と気質や性格タイプが違うから、余計気になるという可能性もあります。

■愛されるのはむしろ弱点

人間、誰にでも欠点があります。「あなたは完璧な人間ですか？」という質問に「YES」と答えられる人はいないでしょう。

自分のことを「完璧だ」と思っている人

は、その性格が嫌われる原因だったりしますよね。

自信満々で自分が一番正しいと思っている親に育てられた子どもが、いい子に育つとは思えません（むしろ逆でしょう）し、子どものうちから性格が完成されているなんてこともありません。

この先の人生をかけて、ゆっくり変化しながら、ゆっくり成長していくのです。

自分の欠点や弱点を受け入れようと努力することで、人は他人の痛みがわかる、奥深い性格に成長できるのですよね。

■「いい子」を追い詰めないで

性格はとらえようによって、いいほうにも悪いほうにも変えられます…ということは、性格そのものには、いいも悪いもない、と考えられるのではないでしょうか。

ここで逆に「性格のいい子」について考えてみましょう。

たとえば明るくて社交的、思いやりがあって優しい、まじめで一生懸命、などプラスの評価をされる子がいます。

何の悩みもなさそう、親も安心です。

でも、もしかしたら「みんなにいい子だと思われているから、いい子にしていなければ」と、苦しい思いをして期待に応えている可能性はないでしょうか（いい子だけに）。

性格にいいも悪いもない、というフラットなものの見方は、無理して「いい子」を演じてしまうタイプの子も、救うことになるのです。

✔ **言葉のマジックで欠点は長所に言いかえることもできる。**

しつこいわね

お気に入りの絵本やビデオは
何度も何度もくり返したがります。
好みがわかりやすくていいのですが
あまりにくり返したがるので
大人はもういい加減うんざり。
「しつこいわね」と
つい言ってしまいます。

Change!!

あと3回ね

これも思い出作りよね

■くり返して覚える子どもの脳

子どもって、同じことのくり返しが大好きですよね。気に入ると、もうそればかり。何度も何度も同じ絵本を「読んで」と持ってくる、同じ服を着たがる、同じ歌を延々歌い続ける「もっと、もっと」「もういっかい、もういっかい！」何度も同じ本を読んでとせがむ…正直、うんざりするほどしつこくて「もういい加減にして」って言いたくなります。

■知っている＝安心できる

子どもがしつこいのには、理由があるそうです。

子どもはまだあまり長く生きていない、つまり人生経験が少ないですよね。だから子どもにとって毎日は「知らない」「新しい学び」「初体験」ばかり…緊張の連続です。

そんななかで、数少ない「知っているもの」「わかっていること」の存在がとても嬉しく、心の癒やしになるそうです。

だから大好きになり、くり返したくなるのだそうです。私たちが長期の海外滞在で、和食を食べるとほっとするのと同じような感覚でしょうか。

■脳が思い出す訓練をしている

子どもが同じことをくり返すのが大好きなのは子どもの脳が発達中だから。

新しいものに接して理解したとき、大人は「わかった」とそのことを脳にしまってしまいます。そして似たようなものを見たとか、何かのきっかけで思い出します。

でも子どもの脳は未熟なので、大人と同じ働きができません。「わかった」と、いったん脳にしまったものをうまく取り出す＝思い出すことが苦手なのです。

だから同じことを何度もくり返して、思い出すという練習が必要なのです。何度も同じものに接して「これ知ってる！」と子どもが喜ぶのは「脳のここに収納したんだ」と確認できたことを喜んでいるのです。

子どもが「お気に入り」を何度もくり返したがるのは、脳の発達にとって、よいことなのです。

■ストレスになるときは少しの工夫を

だから「しつこい」と思っても、できるだけ付き合ってあげるのがいいのです。子どもが納得いくまで。

でも付き合わされる大人にとって、それって苦行です。なかには苦にならない方もいるでしょうが、私にとって単調な遊びのくり返しは、つら～い時間でした。


家事やお仕事もありますから、どこかで切り上げなければなりませんね。

少し工夫をしてみましょう。

映像は時間を決めて「終わったらおしまいね」とあらかじめ言っておきましょう。お気に入りの本はママだけが読みきかせをするのではなく、パパなど他の人にも交代してもらい、ママの負担を軽くしましょう。あらかじめ回数を決めておくのもいい方法です。

また、終わりにしたいとき「もう終わり」といきなり断ち切ると、子どもは納得いかずぐずったりします。

特効薬はありませんが、たとえば「あと3回ね」と、すこし余裕を持って「終わり」を予告する声かけをしたらどうでしょう？

すぐに聞き分けてくれるわけではないのですが、見通しがつくことで少しは納得しやすくなるようです。

■いつかは卒業する日が来ます

子どもはやがて成長します。しつこく持ってくる本も、同じ歌も、お気に入りのお洋服も、大好きなキャラクターからも、いずれ卒業の日は来ます。それを「成長」と言うんですよね。

2歳だった娘のお気に入りで、くり返し歌わされた歌がありました。娘が高校生のころ偶然テレビで流れたので「この歌好きでしょ?」と言ったら…なんと、まったく覚えていませんでした。

あんなにしつこかったのに、本人は忘れちゃうんですね。

でも、くり返しの経験を無駄だとは思いません。

当時のことを思い出し、とても温かい気持ちになれました。「この歌、何度も歌ってあげたんだよ」と当時のようすを話すと、娘は「うそー!」と笑いながら、なぜだかとても嬉しそうにしていました。

✔ くり返すことで、子どもはいろいろ「確認」をしている。

毎日毎日、トラブル続きの子育て。
自分より小さい子を叩いて泣かしたり、
お友達のものをとったり…
思うとおりにならない子どもに
「そんな子うちの子じゃありません」
なんて言ってしまいます。
これってダメですよね…。

■子どもは思い通りにならないもの

ママ・パパが子どもの言動にイライラするのは、子どもが思い通りに動いてくれないときです。

たとえば「小さい子に親切にしてほしい、お友達と仲良くしてほしい」という願いを抱いているのに、子どもがお友達とトラブルになったとき腹が立つ…というように、何らかの期待を子どもにかけていたのに、裏切られたとき。

その気持ちはわかりますが、期待が外れたら腹が立つ…というのは、少々自己中心的な「子どもっぽい」考え方だと思いませんか。

子どもが思い通りにならなくて腹が立つことは、誰にでもある自然な感情ですが、子どもは大人の思い通りになるロボットではありません。むしろ期待通りにならないのがふつうです。

それに、子どもが大人になるには、かなり時間がかかります。もうすでに大人になっているママ・パパが100歩譲るほうがいいでしょう。

「子どもは思い通りにならない」という現実を受け入れてあげてください。受け入れるのが難しいならば「受け入れるのが難しい」という現実を意識するだけでも、だいぶ違ってきます。

■見捨てる言葉を言ってしまう心理

「うちの子じゃない」「おまえなんかもう知らない」といった子どもを見捨てる言葉を使うとき、親には、子どもを否定しながら、自分が親であることも否定したい気持ちがあります。思い通りにならないのがつらくて、いっそ子どもを放り出して自分も親をやめたい、と思っているのです。

あまりにつらいときは、一時的に子どもと離れてもいいのかもしれません。子育ては完璧でなくてもいいのです。

■橋の下から拾ってきた

子どものころ「おまえは橋の下から拾ってきたんだ」「病院で別の子と取り違えた」とよく父にからかわれました。周りに聞いてみると、同じようなことを親に言われた人はけっこう多いようです。

からかわれて真剣に悩む子どもの姿を「かわいいなぁ」と思っていたのでしょう…と今ならわかりますが、当時の私の心は傷ついていました。

意地悪な言葉ですよね。自分が言われた経験があったとしても、言わないほうがいいのでしょう。

■行き場のないつらさ

子どもは親に頼らないと生きていけない、不安定な存在です。

親に「あなたが生きていてくれて嬉しい」と承認してもらえなければ、自分が生きていていいのかどうかさえわからなくなってしまいます。

虐待をうけて、心の傷に悩む人の中に「うちの子じゃない」と親から存在を否定された経験を持つ人が少なくありません。

「うちの子じゃない」と言われ続ければ、子どもは自分の居場所がないと感じます。

居場所がないのですから安心感がありません。いつも不安で居場所を探してさまよう状態です。精神的に安定しないため、集団生活でも人間関係でも、さまざまな困難がつきまとうのです。

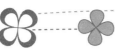

■もしNGワードを言ってしまったら…

親だって人間ですから、ときにはイライラがこうじて「そんな子、うちの子じゃありません」「こんな子イラナイ」「出て行け！」なんてひどい言葉を、言ってしまうことがあるかもしれません。

もちろん本心ではないことは、誰よりも口にしてしまった本人が知っています。

でも、子どもにとってはどうでしょう。ママ・パパにこんな言葉を投げつけられてしまったら…ショックです。

もし、イライラしてひどい言葉を投げかけてしまったら…できるだけ早く「あなたは大切な宝物」と、本当の気持ちを、しっかりと伝えてあげてください。

親が「あなたは大切な存在だ」というメッセージを発しないと、子どもは「自分が大切な存在だ」と感じることはできないのです。

☑ 見捨てないで。子どものことも、自分のことも大切に。

うちの子はときどき、
小さな子をいじめたり
お友達のものをとったりします。
「だめ」「やめなさい」では
聞いてくれません。
そこでときどき「ぶつよ！」と
おどして言うことを聞かせています。

■ぶつよ、が有効なのはなぜ?

子どもが言うことを聞かないとき、何度も言い聞かせるのは、ほんとうに面倒です。

それに比べたら、げんこつでゴツン! あるいは「ぶつよ!」「ゴツンするよ!」のひとことで万事解決するなら、こんなに楽なことはありません。

「ダメ」「やめなさい」でママやパパの言うことを聞けない子に対して「ぶつよ」が効果的な理由を考えてみたことがありますか?

考えられる可能性はひとつしかありません。ぶたれた経験があり「もう痛いのはイヤだ」と子ども自身が考えているのです。

体罰をちらつかせて、子どもを従わせるのは、体罰をしているのとほぼ同じことです。

■体罰がいけない理由

いま世間では「体罰はいけない」という考え方が主流になっています。ママ・パパは「体罰=しつけ」のつもりでも、子どもには「暴力」として伝わる可能性が大きいからです。

体罰を受けた子どもは「悪いことをしたから叱られた」と思うと同時に「悪いことをした相手には暴力をふるってもいい」というメッセージを受け取ります。

そして「自分の思い通りにならないときには、力(暴力)で解決すればいい」と思いこんでしまうのです。

その人の心の中に「言葉よりも力のほうが有効だ」という認識があると、物事を暴力で解決する大人に育ってしまいます。

体罰からは「叩かれたという憎しみ」しか生まれない、という意見もあります。

しつけのつもりの体罰が、暴力の恐怖や憎

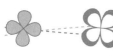

しみしか残さないとしたら、悲しいと思いませんか。

■体罰の連鎖を断ち切るためには

かつては体罰については今ほど深刻に考えられていませんでした。悪いことをしたらゴツンとやられて育った、というママ・パパも多いのではないでしょうか。

人は自分が育てられたように、自分の子どもに接してしまうものです。体罰を受けて育ったママが、いくら「子どもに良くないから」といっても、子どもを叩くのをやめることは非常に難しいのです。「つい…」という感じで手が出てしまうこともあるでしょう。

手が出るほどの怒りは衝動的なものです。カッときた一瞬だけをやりすごせば、子どもへの体罰を防げることが多いのです。

手が出そうになったら数を数える、5分だけその場を離れるなどの方法も工夫してみましょう。

■どうしても必要なときもある?

体罰はいけない、という常識の一方で、体罰は必要だ、痛い思いをさせてでも、子どもに理解させないといけないこともあるという人もいます。

身体で理解しないとわからないことが、どれほどあるのか疑問ですが…緊急事態だけは別でしょう。

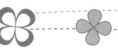

たとえば、小さな子どもがストーブに手を出したときに「熱いからやめようね」なんて言っていられません。ピシッと叩いてでもやめさせなければなりません。

交通ルールを無視して車道に飛び出しそうなとき、踏切の遮断機を乗り越えて走り出しそうなとき…子どもの命に関わるときは、愛の体罰は許されるのではないでしょうか。

■おどすのではなく目を見て制止を

では「ぶつよ」のかわりに何をどう言ったらいいのでしょうか。

げんこつでゴツンする以外の方法で、ママ・パパの本気を伝えればいいのです。子どもは大人が本気かどうかを見抜きます。

そのとき言葉だけで伝えようとしてはいけません。しっかりと子どもと向き合い、目を見て、真剣に、心の底から気持ちを伝えましょう。

声を張り上げる必要はありません。むしろお腹から出る低い声のほうがいいのです。「ママは本当に◎◎をやめて欲しい」ということが子どもの心に伝われば、子どもは悪いことをやめることができるのです。安易におどす前に、試してみてください。

☑ 子どもに「暴力で解決できる」と思わせないで。

「そこで転びやすいよ」とか
「落とさないよう気をつけて」とか
あらかじめ教えてあげてるのに、
うちの子はそれを聞かずに
よく失敗します。
いつも「言わんこっちゃない」
という結果になってしまうのです。

■失敗しそうなときに失敗する

子どもはよく失敗します。それも「ああ失敗しそう」というときに限って、その通りに失敗します。

なぜでしょうね。それには2つの理由があると思うのです。

1・失敗するよ、という言葉が暗示になる。

失敗しそうだと思って「失敗するよ」「気をつけてね」などと声をかけると、子どもはその言葉に影響されて、案の定、失敗してしまうというパターンです。

2・子どもの行動を熟知して予測している。

親は子どもをよく見ています。親なら、わが子の得意なところも不得意なところも、よくわかっているはず。だから子どもが失敗しそうなパターンも熟知しています。親が「失敗しそう」と感じればそれは失敗する率がかなり高いのです。

子どもの失敗に事前に気づきやすいのは、子どもを守るための親心なんですよね。いずれにせよ親の予想はだいたい当たり、失敗しそうなときに失敗する、ということになります。

■先読みしてしまう親心

親としては予想通り失敗したので「だから言ったでしょ」「ほら言わんこっちゃない」「言うことを聞かないからそうなるのよ」などと言いたくなります。

子どもの行動の先を読むのは、子どもに失敗させるのが怖いからです。

もしも先読みするのをやめることができたら、たとえ子どもが失敗してもイラッとしないのでしょうね（それが難しいのですが）。

　私も何度か「だから言ったでしょ」のような言葉を言ってしまったことがあります。

　自分の読みが当たったのに（子どもが聞いてくれなかったために）失敗した、その悔しさをぶつけたい気持ちと「私は注意したのよ」と自分の正しさを証明したいような気持ちもありました。

　でも言ってしまってから後味の悪さを感じました。

■優しい言葉のお手本になりたい

　言われた立場になってみましょう。

　誰だってちょっと失敗することはありますよね。たとえば洗い物をしていてお皿を割ってしまったとき、書類のミスで同僚に迷惑をかけたとき、誰かに「ほら言ったとおりじゃない」なんて言われたら、嫌ですよね。

　それに、この言いかたを「子どもがマネしたらどうだろう」って思うのです。

　たとえば、友達が失敗したとき「気をつけないからだよ」なんて相手の失敗を責める子と「痛かったね」「大丈夫？」と共感的な言葉が自然に出てくる子と、どっちになってほしいでしょうか。

　後者のような優しい言葉が出てくる子になってもらいたいなら、子どもが失敗したときこそ、コミュニケーションのお手本を示してあげたいなと思うのです。

■子どもは失敗から学ぶ

　失敗から学ぶことを恐れてはいけません。

　たとえば大人になってから転んだら、痛くて場合によっては骨折をしたりしますが、赤ちゃんは何度尻餅をついても、痛がるそぶりを見せず立ち上がる練習をします。そんなふうに、大人よりも子どもの方が、失敗体験から学ぶのが上手なのです。

　失敗すると、子どもは「失敗しないためにはどうしたらいいのか」と考えます。これが重要なのです。

　でも「だから言ったでしょ」と言われてしまうと、子どもは失敗体験から学べなくなってしまいます。

　子どもが注意を聞かずに失敗してしまったときにはママ・パパは「失敗しちゃったね」「痛かったね」などと子どもの気持ちに寄りそうような言葉をかけるだけでいいのです。

　次のときどうするかは、子ども自身の問題です。本人に任せましょう。

☑ 失敗は成長のチャンス。失敗から学ぶのを邪魔しないで。

お母さんをバカにして！
NG↓
悪いことをしたときなど
パパやおばあちゃんが注意すると
素直に聞いているのに
なぜか私の言うことだけ知らんぷり。
子どもに甘く見られてるなんて
母親として失格だと思って
つい感情的になってしまいます。
Change!!
OK!
みんなで決めた
ルールを守ろうね

■まずは理由を聞いてみよう

ママの言葉を素直に聞けないとき、子どもには子どもなりの理由があります。まずそれを聞いてあげましょう。

その際に「なぜママの言うことを聞けないの？」と問い詰めるのではなく「どうしたの？」と、冷静に聞くことが大切です。

聞き分けのない子には、ママもカチンときて感情的になりがちです。人は自分の発した言葉が否定されると、たとえ自分では意識していなくても、心が少し傷つくものです。子どもの反抗的な態度で、傷ついてしまった心が「バカにして！」と子どもを責める気持ちの原因になっているのです。

でも、素直にママの言うことが聞けないとき、子どもだって心苦しく思っています。それがうまく表現できなくて、ふてくされた（ように見える）態度をとっているのかもしれないのです。

だから、感情ｖｓ感情の対立にならないようにしましょう。対立関係では、心はガンコに扉を閉じて、相手を責める気持ちばかりが増えてしまいます。

■もし理由がないなら

特に理由もなく、ママの言うことだけ聞か

ない…こういう態度はちょっと反抗的に見えますが、ママの前では安心して、地を出して甘えているということが考えられます。

ですから、ママが「なめられないように」と他の人と同じように接してしまうと、子どもの気持ちは安らげる場所を失って、バランスを欠いてしまう可能性があります。

厳しさは「どうしても」というときだけにとっておいて、ママは子どもに優しく接していいと思うのです。その子にとってママはリラックスできる場所になっているのですから、ママと子どもとの関係は悪くありません。

■誰に従ったらいいのかわからない？

ママの言うことが聞けないとき、よくあるのが、子どもが誰の言うことを聞いていいのかわからない、という混乱です。

たとえば「食後には歯みがき！」とママが思っていても「歯みがきは起床時と寝る前」とパパが思っていれば、子どもはパパとママのどちらに従うか決められず、結果的にママの言うことが聞けなかったりするのです。

少子化時代ですから、ひとりの子どもにパパ、ママ、おじいちゃん、おばあちゃんなど多くの大人が関わり、それぞれが子どもに注意や指示をします。

みんな「いい子に育って欲しい」という願いは同じなのですが、それぞれから違うことを言われてしまうのは、子どもにとっては迷惑な状態です。

■人ではなくルールに従う

子どもだってひとりの人間です。ママの言うことだから無条件に従う、という存在ではないはずです。

誰かの言うことを聞く、という考えではな

く、ルールに従うという方向に変えてみませんか。

夫婦でルールが違っているなら、話し合って「家族ルール」を決めましょう。

ルールを決めるのは独断ではいけません。子ども本人はもちろん、普段の子育てにおじいちゃん、おばあちゃんが関わっているなら「こう決めたいんですがどうですか?」と意見を取り込み、できるだけ尊重することが大事です。

ルールが決まれば、誰の言うことを聞くか子どもの混乱がなくなります。

一度決めたルールを守ることは言うまでもありませんが、ルールをどんな場合でも守らせるのか、おじいちゃんやおばあちゃんの家にいるときは特例とするのか…ルールの適用範囲も話し合いましょう。

✔ 子どもの行動は深読みせず、愛情深く受け止めよう。

はぁ…（ためいき）
NG↓
子どもはかわいいけど
子育てだけの毎日は
ハッキリ言って憂鬱。
出産前はもっと自由だったのに…
子どもにふりまわされる日々が
永遠に続くように思えてしまって
つい、ため息が出るのです。
Change!!
OK!
一緒にお昼寝しようか

■目の前でため息をつかれると…

誰だってため息の一つや二つ、つきたくなるときがあります。

でも、子どもの目の前では、できるだけため息はつかないようにしましょう。

というのは、目の前でママにため息をつかれると、子どもは「そのため息は自分のせいなのではないか」と思ってしまうからです。

たとえば…ママはパパとケンカしたことを思い出してため息をついていたとしても、子どもにはそれがわかりません。

それで「ママはボクが嫌いなのかな」「ママはワタシといるのが嫌なのかな」と不安になってしまうのです。

■弱音を吐いてもいい

いつもいつも弱音ばかりでは困りますが、ときどきなら「ママは疲れちゃったよ」など と弱音を吐くのはかまいません（子どものせいにしないような言い方で）。

「大人にも弱いところがあるんだ」と気がつくことで、子どもの中に優しい気持ちが生まれます。「ねんねちていいよ」とお布団を敷いてくれたり「よしよし」となでてくれたり、子どもなりのやり方でいたわってくれたりします。

ありがた迷惑なこともありますが、子どもの優しさとかわいさに癒されるのは、子育てをしている人の特権です。素直に「ありがとう」と癒してもらいましょう。

■育児ストレスでため息

世間には「母親というものは子育てで満たされるものだ」と思い込んでいる人がいますが、それは大変な誤解です。

今の日本では子育ての負担がどうしても母親ひとりに片よりがちです。少子化対策といいながら会社員のサービス残業はなくなりませんし、街に出れば子連れはじゃま者あつかい、自宅にいても下の階から「うるさい」と苦情を言われないか気をつかう…毎日、そんな逆境の中で子育てをしているのですから、ストレスがたまります。さらに一人前にちゃんと育てなきゃ…と思うことは大変なプレッシャーです。

まじめに子育てをしようとすれば、ストレスがたまるのは当たり前なのです。

ストレスはあって当然…そう覚悟してしまえば、結果的にある程度はストレスから解放されます。

■子どもがかわいく見えないときは

育児ストレスが大きくなって、かわいいはずの子どもがかわいく感じられない。愛してるはずなのに、愛しく感じられない…という状態はママにとって、とてもつらいことですし、子どもにもよくはありません。

だからママは、バランスをとるためにも意識して自分の心をケアしてあげましょう。

週に半日でも、子どもと離れて趣味に没頭したり、友達とお茶を飲んだり、ただひとりでボンヤリしたりするのは、決していけないことではありません。

心にゆとりがないのは、身体が疲れているせいかもしれません。つらいときには休みましょう。よく眠って身体の疲れをとることで、心のコリはだいぶほぐせるのです。

でももし、不幸な気分が長く続き落ち込みから抜け出せないなら…できるだけ早く医療機関に相談してください。

■母親である限り、ママは母親合格です

「自分は母親失格なのではないかしら…」と思いつめて落ち込んでしまうときは、自分の中で「合格ライン」を、現実よりもはるか高くしている可能性も考えてみてください。

自分の心の中にある理想の「いいお母さん」になれなくてもいいのです。

あなたにはお腹の中に命を授かった日から今までの間、子どものことも自分のことも、見捨てずに育ててきたという実績があります。それだけですごいことです。

☑子どもの前ではため息はがまん。疲れたら休みましょう。

毎日、子どもの世話と家事だけ
大人とちゃんと会話していない。
夫も疲れて帰って寝るだけ。
もうこんな暮らし、イヤ…
できれば母親をやめたい…。
「お前なんか生むんじゃなかった!」
と子どもに当たってしまいました。

■誰もが一度は思うことかも

子育ては、決して楽な仕事ではありません。肉体的にもハードですが、実は精神的にもかなりの重労働なのです。

相手の存在そのものを否定するような言葉は、本来は、どんな人に対しても言ってはいけない言葉です。

だけど、子どもを生んだことを一度たりとも後悔したことがない人はどれだけいるでしょうか。

ゆったりと母性本能に満たされて、子どもが可愛くていつもニコニコ…なんて子育ては理想ですが、現実はそうは行きません。四六時中、まるでストーカーのようにまとわりつく子どもの存在にイライラして「子どもがいるせいで、自分だけが幸せになれない」なんて暗い嫌な気持ちになってしまうことだって、ときにはあります。

「妊娠前と同じように仕事をしたい」と思っているのに、出産・育児でキャリアを中断せざるを得なかった、という思いがわいてくることもあります。

「子どもをちゃんと人並みに育てなければ」というプレッシャーで押しつぶされそうな気持ちになることだってあります。

逃げずに、本気で、子育てをしていたら、一度や二度は気持ちが爆発してしまうのは、誰にでもあり得ることです。

■出逢ってしまった運命だから

「子どもは親を選べない」とも言いますし「ママを選んで生まれてきた」という考え方もあります。どちらも素晴らしいと思います。どちらが正しいか誰にもわかりません。

ただ、子どもがこの世に生まれてきたことは事実ですし、あなたの子どもであるということも事実です。これは誰にも変えられません。

ならば、否定せずに、事実をありのままに受け止めることを練習しましょう。

もし違う過去だったら?と悔やむより、子どもがいて、親になった自分という、今の状態をどうしたら楽しめるか。考え方をシフトしたほうが、人生を楽しめるはずです。

■犠牲になるのが子育てではない

「この子がいるから好きなことができない」と言う人がいます。

仕事でも趣味でも、子どものために自分はガマン…と考えるのは美しいことです。でも、子どものために自分を犠牲にし続けたら、イライラしてしまいませんか?

子どもがいるから、したいことをあきらめなければならない…というのは思い込みです。家族の協力、地域の協力、幼稚園や保育園、ファミリーサポートセンターなど、頼れる場はたくさんあります。

時間はかかるかもしれませんが、子どもを犠牲にせずに、自分の好きなことも犠牲にせずに、あきらめずに生きていくにはどんな方法があるか、探してみましょう。

ママが自分の好きなことに打ちこむのは決して悪いことではありません。

子どもの立場になって考えてみてください。大好きな人が、自分のために犠牲になっていると知ったら、悲しくありませんか。

■子どものいる人生はステキです

子どものいる人生の楽しみ方がわからないときは、子どもの笑顔に答えを教えてもらうのがおすすめです。

「キミのママになれてよかったよ」「大好きだよ」と、何度も子どもに伝えていると、だんだんママ・パパ自身も「子どものいる人生も素敵だな」と思えるようになります。

　そんな気持ちが伝われば、一度や二度うっかり「アンタさえいなければ…」と言ってしまっても、本心からではないことは、子どももちゃんとわかります。

　子育てで大変な毎日だからこそ、子どもには「大好きだよ」と本当の気持ちを何度でも伝えてあげましょう。

✔誰もが一度は思うこと。
でも「産んでよかった」と本心を伝えてあげよう。

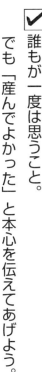

あとがき

日本では昔から、言葉には魂が宿ると考えられてきました。「言霊」といいますが、口に出して言うと、それが実現してしまうというおまじないのような信仰です。

言葉を変えることは考え方を変えることだと、私は思います。

考え方を変えれば言葉が変わる、というのは当然ですが、使っている言葉のほうから、考え方を変えることもできるのです。

毎日の言葉を、少しずつ、前向きで優しいものへと変えていきましょう。

毎日の生活の中から、いいことや楽しいことを見つけるのが、だんだん上手になってきます。

すると…つらいと思っていた子育てにも少しずつ灯りが見えてきます。

子どもはやがて大きくなります。子育ては永遠には続きません。「子どもがいて何もできない」は「子育てという貴重な体験を与えてもらった」ということでもあるのです。

子どもと過ごす貴重な時間を、もっと楽しく過ごすために、まずは普段の言葉を意識するところから、はじめてみてください。

大丈夫、あなたなら、きっとできます。

改訂版あとがき

この本は2009年に発行された拙著「ママが必ず知っておきたい！子どもに言ってはいけない55の言葉」より、大幅に改訂・加筆したものです。

「ママが〜」は私、曽田照子の著者としてのデビュー作でした（それまで共著や編集などの経験はあったものの、自分の名前で出版するのは初でした）。埋もれてしまう出版物が多いなか、数年を経て再びこの本の内容に向き合う機会をいただけた幸運を、ただ感謝しております。

子どもたちはだいぶ大きくなり、私は幸いにも数冊の本を書かせていただく機会に恵まれました。

いいことばかりではなく、永遠のお別れをしてしまった人もいます。余談ですが最近、白髪も増えてきました。

数年の間に、有形無形のさまざまな変化がありました。

改訂のために読み直していると、初版を書いていた頃の気持ちがよみがえってきました。

泣き、笑い、迷いながら、祈るように書きました。
思いは変わりませんが、今回の改訂では、さらに内容を深め、今まさに子育て中のあなたに届くよう、多くの表現を改めました。
本書のすべてが子育て中の皆さんへのエールです。

言葉という光が、すべての人を明るく照らしますように。

2016年6月　曽田照子

☆参考資料（順不同）☆

（初版執筆時の参考資料）
波多野ミキ　「子どもの上手な叱り方・下手な叱り方」三笠書房
樋口雄一　「頭がいい子に育てる親の話し方」幻冬舎
親野智可等「『親力』で決まる！子どもを伸ばすために親にできること」宝島社
篠上芳光　「わが子に『お金』どう教えるか」中公新書ラクレ
高嶋正士・藤田主一編　「発達と教育の心理学」福村出版
小屋野恵　「お母さん次第で男の子はぐんぐん伸びる！」メイツ出版
睡眠文化研究所編　「子どもを伸ばす『眠り』の力」WAVE出版
ひすいこたろう・スズキケンジ　「ココロの教科書」大和書房
グループこんぺいと　「怒らないしつけのコツ」学陽書房
長谷川七子　「子育ての不安を解消する100のアドバイス」主婦と生活社
主婦の友社編　「こどものココロがわかる本」主婦の友社
毎日新聞北海道支社報道部「いただきますからはじめよう　みんなの食育講座」寿郎社
ドロシー・ロー・ノルト　「子どもが育つ魔法の言葉」PHP研究所

松岡素子・松岡洋一「ちゃんと育てればストレスに強くなる」日本評論社
林洋一（監修）「やさしくわかる発達心理学」ナツメ社
「平成18年社会生活基本調査」厚生労働省

（改訂にあたって参考にした資料）

新井慎一「ママの心が楽になる子育て心理戦」イースト・プレス
栗田正行「『働くパパ』の時間術」日本実業出版社
三井秀樹「ハンディクラフトのデザイン学」日本ヴォーグ社
曽田照子「ママ、言わないで！子どもが自信を失う言葉66」学研プラス
曽田照子「『お母さんの愛情不足が原因』と言われたとき読む本」中経の文庫
曽田照子「お母さん、ガミガミ言わないで！子どもが勉強のやる気をなくす言葉66」学研プラス
曽田照子・子育て研究会ままーず「お母さん次第でぐんぐん伸びる！長女の育て方」メイツ出版

ほか、初版執筆時も改訂時も多数の書籍、インターネットの情報、友人・知人の貴重な体験談を参考にさせていただきました。

著者：曽田照子（そだ てるこ）
三児の母。ライター、コピーライター、講師。
子育てＮＧワードの専門家

イラスト：上杉映子（うえすぎえいこ）
イラストレーター、三児の母。

編集・DTP：ライティングオフィス・シバサキ

Special Thanks
秋田葉子、青木知恵子、宙ちゃん

Special Thanks（2）
見上裕美子、菅原大輔、関知加、井上ゆき

子どもを伸ばすママの言葉がけ
言ってはいけないNGワード55

2016年 7月5日　第1版・第1刷発行
2016年11月5日　第1版・第2刷発行

著　者　曽田照子（そだてるこ）
発行者　メイツ出版株式会社
　　　　代表　三渡 治
　　　　〒102-0093 東京都千代田区平河町一丁目1-8
　　　　TEL：03-5276-3050（編集・営業）
　　　　　　 03-5276-3052（注文専用）
　　　　FAX：03-5276-3105
印　刷　株式会社厚徳社

メイツ出版ホームページアドレス　http://www.mates-publishing.co.jp/
編集長：折居かおる　企画担当：堀明 研斗

※本書は2009年発行の『ママが必ず知っておきたい！　子どもに言ってはいけない55の言葉』を基に、
加筆・修正を行っています。